JN063709

ナウエン・セレクション

Henri Jozef Machiel Nouwen

# Aging:

The Fulfillment of Life

ヘンリ・ナウエン
ウォルター・ガフニー

# 老い 人生の完成へ

原みち子［訳］　木原活信［解説］

日本キリスト教団出版局

Aging: The Fulfillment of Life

By Henri J. M. Nouwen and Walter J. Gaffney

Text copyright © 1974 by Henri J. M. Nouwen and Walter J. Gaffney

The biblical passages used throughout are from the Jerusalem Bible.
Copyright © 1966 by Darton, Longman & Todd, Ltd.
and Doubleday & Company, Inc.

This edition published by arrangement with Image,
an imprint of Random House,
a division of Penguin Random House LLC,
through Japan UNI Agency, Inc., Tokyo

Japanese Edition Copyright ©1991, 2023
Translated by HARA Michiko

Published by
The Board of Publications
The United Church of Christ in Japan
Tokyo, Japan

目次

・本書は、ヘンリ・J・M・ナーウェン、ウォルター・J・ガフニー『闇への道　光への道——年齢《とし》をかさねること』（原みち子訳、こぐま社、一九九一年）に修正を加え、新たな解説を付して刊行するものである。

・本書の聖書引用は基本的に『聖書　聖書協会共同訳』（日本聖書協会）に準拠する。

・本文に二種類の注が付されている。文字の右に「注○」とあるのは原著の注、「＊○」とあるのは訳者による注を示す。それぞれ巻末に注がまとめられている。

装丁原案・桂川　潤
装丁・デザインコンビビア

# プロローグ　車輪

# 車輪

これは年齢《とし》をかさねることについて考えていく本、わたしたちみんなのための本である。なぜなら、わたしたちはだれもみな年をとっていき、それによって各々人生の軌跡を完成させていくのだから。

白い雪のなかに立つ老いた白樺の木にたてかけられた、この大きな車輪、その飾り気のない美しさはそのことを教えてくれる。どのスポークもおなじ、どれか一本がとくに重要ということはない。ぜんぶがそろって完全な円を構成し、ハブが円の強さの核であることを示す。じっと車輪を見ていると、わたしたちはただ一回だけの生を生きるのだ、そして、それを生きること自体がこのうえない喜びをもたらすのだ、ということがわかってくる。

古い車輪の、なすべきことを終えて静かに休息している姿は、わたしたちに人生について語ってくれる。この世に生まれてきたとき、わたしたちはただ与えられるばかりの存在である。そしてかなりのあいだ、両親、祖父母、兄弟姉妹、友人、恋人たちから——ある人からは豊かに、ある人からは少し、ある人からは惜しみつつ、ある人からは気前よく——、与えられながら生きる。やっと自分の足で立ち、自分自身のことばで語り、ほかのだれのとも違う自分だけの自己を仕事や愛に反映させられるようになったとき、わたしたちは、自分はいかに豊かに与えられてきたことか、としみじみ思う。しかし人生の絶頂期に近づき、「ほんとうにわたしは存在している」と心からいえるころになると、わたしたちは、生を成就するため、今や自分が、親となり、祖父母となり、あるいは兄、姉、師、友、恋人となって、他者《ひと》に与えるように、といわれているのを感じる。世を去るとき、わたしたちが「それまで与えてきたもの」から成っているようにと。

　車輪を見ると、わたしたちは、老いがもたらす苦痛には意味があることを思いだす。車輪は転がる。地面を離れ、地面にもどる。しかしかならず前進する。わたしたちはたった一回生きるに過ぎず、人間の歴史のほんのわずかな部分に参与するだけである。しかし、その一回を感謝しつつ、真心をこめて生きていくことは、わたしたちに与えられた、なにより大切な務めである。わたしたちは塵[*1]から出《い》でて塵に返る。わたしたちは上昇し、下降する。成長し、死ぬ。しかし世にきたときの塵とは異なる塵として世を去っていくこともできる。下降は前進にもなりうる。そして死を最後の贈り物とすることもできる。

年をとることは車輪が回ることであり、少しずつ人生の軌跡を完成させていくことである。その過程で、与えられていた状態から与える状態へと成長し、また、生きることによって死ぬことの意味をつくっていく。老いは隠したり否定したりしなければならないものではない。老いることはむしろ、人生の神秘が徐々にあきらかになってくる成長過程であると考えられる。わたしたちはそれを確認しつつ、老いを経験していくことができる。

このような希望をもって老いをとらえるように、わたしたち二人は訴えていきたい。老いゆくことを、与えることによる成長として、しかも精神と心だけでなく、生そのものの成長として経験することができれば、それは、パウロ[*2]に和してこういえる時へ向かう歩みともなる。

私自身は、すでにいけにえとして献げられており、世を去るべき時が来ています。

私は、闘いを立派に闘い抜き、走るべき道のりを走り終え、信仰を守り通しました。
（新約聖書　テモテへの手紙二　四・六―七）[注1]

しかし――年老いた人々が周りにいてくれなければ、わたしたちは自分が年をとりつつあるということを忘れてしまうかもしれない。老人はわたしたちの予言者である。その人たちがまざまざと見せているものは、わたしたちみんながたどる道程なのだ、と気づかせてくれる。それゆえ、老いることについて語るなら、すでに高齢に達した人々について語ることから始めるのがもっとも自然であろう。老いの日々、それは種々の警告とともに、さまざまな希望にも満ちている。

老いに関しては、その肉体的、精神的、霊的な問題について、すでに多くのことが書物でとりあげられ、わが家と感じられるような生活の場やふさわしい仕事、またよい友人などの必要性について、いろいろ論じられている。多くの老人が直面している痛ましい状況の報告も、けっして少なくはなく、さまざまな改善の試みもおこなわれている。しかし、老人の悩みや苦しみばかりが強調されるのは、かなり危険である。わたしたちは、老人になることはすなわち「問題」になることだ、と思いこみ、年をとることは人間の悲しい宿命であり、なんとしてでもそれを避けたい、と考えるようになりかねない。また、ひたひたと生の歩みの終わりの時に向かっているのは気の滅入る現実であり、さまざまな老化の兆候がもはや否めなくなるまではそれを認めたくない、と感じるようになってしまう。そうなると、老人を大切にするといっても、それはただ、良心のとがめを感じるからこそ施しをするようなこと、老いとの戦いで捕虜となってしまった人々に表向きやさしくするだけのことになってしまう。

わたしたちの社会では、多くの人にとって老いは明らかに恐怖と苦痛に満ちたものとなっている。何百万もの老人が一人で放っておかれ、この世の旅の終わりはつらさと失望をもたらすものとなっている。そうなるにはいろいろ理由があり、わたしたちはよく考えながらそれを探っていこうと思う。しかしわたしたちが明るみに出していくことすべての底には、老いを高齢の人だけの問題としておきたい、という誘惑が潜んでいるのである。あらゆる人がたどるこの道程のゆえにすべての人間は連帯すべきであるのに、それを認めたくない、という気持ちがわたしたちにはある。たぶんわたしたちは、自分の宿命を目の当たりに見せる人々、そして、その存在自体でわたしたちをもっとも鋭く批判している人々の声を、なんとか消してしまおうとしてきたのだ。それゆえ、わたしたちが第一にしなければならない、そしてなにより大切な仕事は、昔のように老人をわたしたちの師として迎えること、そして失われてしまった世代間のつながりを復活させることである。

そのようなわけで、わたしたちはまず老人を、老いのなかにひそむ危険と可能性の両方について教えてくれる師として語りたい。老いることは闇に向かうだけでなく、光に向かう道でもあることを、この人たちは示してくれるだろう。つぎに老いることと世話《ケア》することについて語りたい。わたしたちは老人にどのような世話ができるか、ということも提示していくが、差別に向かいがちなわたしたちの心をどのように老人に癒やしてもらい、ひいては自らの老いをもっと身近に感じ、親しむようにしてもらえるか、ということも考えていきたい。

年齢《とし》をかさねることは、ほかのなににもましてすべての人間が共有する経験である。その経験は、人間の共同体の上にかかっている、恵みを約束する虹である、とわたしたちは信じている。年をとっていくことは人間にとってじつに深い経験であり、小児期と成年期、そして成年期と老年期という不自然な区分をこわしていく。年をとることはほんとうに恵みに満ちていて、約束されたとおり、わたしたちは人生の宝をつぎつぎ発見していく。老いはあなたを絶望に追いこむものではなく、かえって希望をもたらしてくれるものである。老いることは徐々に朽ち果てることではなく、しだいに成熟すること、また、忍ばねばならない運命ではなく、歓迎すべき好機であると、わたしたちは信じている。

それゆえわたしたちは、老いた人と世話をしていく人とが、年齢《とし》をかさねるという共通の経験で結ばれつつ、互いを発見しあっていけるように、と願っている。そのなかで人は癒やされ、また新しい生の歩みをはじめることができるのだから。

# 第一部　老いゆくこと

# はじめに

まず、バリ島の古い伝説を読んでいただきたい。わたしたちの社会のあり方を、また、わたしたちが「老人」とか「年寄り」という呼びかたでくくってきた人々に、どのように接しているかを省みる一助となるであろう。

む[注2]かしむかしのことだが、遠い山のなかのある村では、老人を犠牲《いけにえ》にささげてから、食べてしまうのが習いであった。とうとう老人が一人もいなくなり、古くからの伝統もすべて失われてしまった。やがて大きな集会所を建てることになり、たくさんの丸太が用意された。しかし、木の天地がわかる者はもういなかった。まちがってさかさまに立てるとつぎつぎ災難がおこる、といわれている。そこへ一人の若者が、もし今後は老人を食べないと約束すれば、正しい立て方を知るこ

とができる、と申し出た。人々が、約束する、というと、若者は、かくまってい
た祖父をつれてきた。その老人は村の人々に木の天地を教えた。

現代のわたしたちもまた、老人を犠牲にし、除け者あつかいし、生きている人々の共同体の一員として認めていないのではなかろうか。その結果、わたしたちは人生を理解するのを助けてくれるはずの数々の伝統を失ってしまい、木の天地がわからなくなっているのではなかろうか？

多くの人にとって、年をとるということが破滅と闇に向かうことになっているのは、まず疑いのないことであろう。しかし、そうではない人々もまた少なからず存在している――彼らの若い友人たちが大切にかくまっていたり、あるいはわたしたちが恐れて遠ざけてしまっていたりすることもあるが。その人々にとっては、年齢《とし》をかさねることは光へ向かって成長することなのである。そして、世代間のつながりが失われた現状のなかで、わたしたちのために、木の天地を正しく判断するすべを保っていてくれる。

それゆえ、わたしたちはまず、老いを闇へ向かう道として考えてみよう。それから、どうすれば老いを光へ向かう道とすることができるのか探っていきたいと思う。

## 闇へ向かう道としての老い

著名なフランスの作家ボーヴォワールに『老い』[*3]という、たいへん優れた研究書がある。数々の資料に目を通し、時間をかけて老いのさまざまな面を、生物学的、人類学的、歴史的、現象学的に詳細に研究したのち、ボーヴォワールはつぎのような結論を出している。「……[注3]ほとんどの人は老年期が訪れるのを、あるいは悲しみ、あるいは拒絶しようとする。老年期は死以上に嫌悪されている」。この作家の老年期観からにじみでている悲観的な暗い調子は、遠い昔に旧約聖書の詩編三一編にあらわされた悲嘆の現代版といえよう。

主よ、憐れんでください。
私は苦しんでいます。

目は憂いによって衰えました
魂もはらわたも。
悲しみによって、私の命は
嘆きによって、私の歳月は尽き果てました。
過ちによって、私の力はうせ
骨は衰えました。
私は、私を苦しめる者すべての
　そしりの的となりました。
隣人にはいっそうのこと
親しい者にも恐れられ
外で私を見れば、人は逃げ去りました。
死者のように人の心から忘れられ
壊れた器のようになりました。
(旧約聖書　詩編三一・一〇―一三)

「壊れた器」[*4]――このことばがあてはまる老人は昨今あまりにも多い。アメリカ合衆国では、六十五歳以上の二千万の人々のうち、七百万人近い人々が貧困線[*5]以下の暮らしをしているか、もしくは必要な医療費も払えぬほど貧しい。二万四千ほどある老人ホームに約百万人の老人が入居している。しかし、そのうちかなりの施設は、居住者が多すぎる一方、職員の数は十分でなく、よい治療どころか、日常の世話さえままならない。高齢の男性一人当たりの収入中央値は全人口のそれの半分以下である。また高齢の女性で多少なりとも収入のある人たちのうち半数は、実収入が年千ドル以下である。老人ホーム入居を余儀なくされた人々が、ホームの運営者に全財産を譲渡するべく、文書に署名させられることもある。シャロン・カーティン[*6]という、高齢の人々のなかで働いている若い女性は「[注4]年老いて貧しいということは、フルタイムの勤務についているに等しい」と評したが、まさにそのとおりである。しかるにわたしたちアメリカ人は、老けた印象をあたえたくないため、さまざまな器具、化粧品、美容術の類《たぐい》に、少なくとも年に五十億ドルを費やしている。その一方でじっさいに高齢の人々のために費やされたのは、一九七〇年を例にとると、たった三億三千万ドルであった[注5]。

　これでは、多くの老人が詩編作者に声をあわせて、「親しい者にも恐れられ　外で私を見れば、人は逃げ去りました。死者のように人の心から忘れられ　壊れた器のようになりました」といいだしても、ふしぎではない。わたしたちの社会には老人の居場所がない。老人は、かつてハンセン病患者が伝染を恐れられて共同体の外に追いだされたのと同じように、嫌われ、仲間外れにされている。もはや人間の共同体の正式なメンバーとみなしてもらえないのである。たぶん現代の社会はもっと目立たないかたちで老人を締め出しているのだろうが、締め出される側から見れば実質的には同じことである。ボーヴォワールが「老年期は、多くの人から、死よりはるかに恐れられている」というのは正しい。わたしたちは、地上を離れた後の自分の存在がどのようなものであるかは想像できないが、老年期にだれにも省みられない、という苦痛は予想することができる。どんなものか知っている恐ろしい苦しみを待つのは、どんなものか知らないあの世への旅立ちを待つより、はるかに恐ろしい。八二歳のフロリダ・スコット＝マクスウェル[*7]がつぎにあげる文で述べているのは、このことである。

[注6]この後まだどれほど老いなければならないのだろうか、自分が弱っていくのをどこまで耐えなければならないのだろうか。老人はそっと独り言をいう、「ここまで老いても、まだ？　あとどのくらい生きねばならないのだろう？」老いは死以

上に恐れられている。……わたしたちを憔悴《しょうすい》させるのは、死を待つこと、そして、この先ますます老いたら自分はいったいどんな状態になるのだろうかという不安なのである。

このような現実や感情を、わたしたちは無視したり、否定したりするわけにはいかない。それどころか、そのなかに分けいり、「自分は除け者にされている、と老人に感じさせるものはなにか」と自らに問いかけてみなければいけない。よく考えていくと、すくなくとも三つの要因が検討されるべき点として浮かび上がってくる。差別的扱いを受けること、親しいものに先立たれること、自己を喪失すること。これは、社会から拒まれ、親しい人たちから拒まれ、内なる自己からも拒まれること、と考えることもできる。

**差別的扱いを受けること**

クレーア・タウンゼンド[*8]は老年期を、最後の差別的扱いである、と述べている。人の存在そのものよりその人の活動、あるいは所有物の方が重視されるような文明を考えると、この表現はじつに的を射ていると思う。就職したい、出世したい、家と車とお金が欲しい、株や債券も持ちたいし、人脈も得たい、あるいはもう少し知識を深めたい、という類《たぐい》の欲望が、わたしたちの生きる動機の中核になってしまっている以上、こういった「望ましい」条件を通して世の中とつながることができない者は、はじき出されるのである。

ボランティア活動につきまとういくつかの問題もこれで説明がつく。高齢者の多くが、老後を支える資金を——たいていは熱心に働きつづけて——貯えたにもかかわらず、自分の働きで収入を得られなくなると、あたかも自分の値打ちがさがったように感じる。ボランティア活動を二級の仕事のように感じる退職者は多い。裕福な学生がときとしてボランティア活動を嫌い、「賃金が支払われる、ほんとうの仕事」を好むことがあるように、じつに多くの高齢者が、自分のしていることが収入にむすびつくときだけ、社会の好ましい一員として認められたと感じる。余暇時間をせっせとふやしてきた文明のなかで、ボランティア活動が軽んじられているとは、なんとも矛盾したことである。

もちろん例外もある。わたしたちの知りあいの男性に、じゅうぶんな蓄えができたので四〇代の終わりに退職して、いまは大きな市立病院でボランティアとして、あまり人に気にかけてもらえない病人の世話をして過ごしている人がいる。これ以上収入を得ることより、なにか役に立つことをしていたいと思ったのである。この人にとっては、活動の価値は収入とは無関係になっていたのだ。これに似た、心をうつボランティア活動の例は少なくない。

しかし勤務先の定年など、制度のせいで退職を余儀なくされて、仕事や地位や収入を自分という存在の証しとする人々の仲間でなくなると、「わたしはもう年寄りなのだ」と感じはじめる人が多いのも、また悲しい事実である。激しいライバル意識や競争の興奮に加わることもなくなった人々は、（じつはそれまで、人間の価値をスコアボードに数値であらわす、というような扱いを受けていたにもかかわらず）もはや人間でない、と烙印をおされたように感じる。じっさい、もはや数に入れられないのである。いまや、社会の落ちこぼれ、息切れした哀れな長距離ランナーなのだ。シャロン・カーティンはこう述べている。

> [注7]物質的に豊かな人を成功者と評価し、我を失ったように衝動的に消費する人をりっぱな市民とみなす文明のなかでは、年をとった人が居場所をみつけるのはむ

ずかしいのです。もう競争もしないし、試合にも出ないのですから。わたしたちは人間が廃棄物とされるのを認めている文明のなかで暮らしているのです。活気なきものは廃棄、というわけです。ごみ捨て場へ、老人ホームへ、引退者村へ、[*9]究極のリゾートへ。

西洋文明圏では、自分の生産性に寄せられているまわりの期待にこたえられなくなるのではないか、という不安が原因で、年をとることがひどく恐れられている。じっさい、どれほど生産し、業績を上げているか、またどれほど所有し、力を保っているか、ということで人間が評価されているのである。それゆえ、就業規則によって定年退職させられ、財産をもっとふやしたい、高い地位で力を振るいたいという願いをあきらめざるをえなくなった人々は、生産現場を去ったものとして低く見られる。やさしく接してはもらえても、本気で相手にしてはもらえない。最大の関心は利潤にあり、という社会では、高齢は一般的に名誉あるものとはされない。なぜなら、真の名誉とはなにかを考えだしたら、この社会を順調に動かしている価値の序列が崩れはじめてしまうからである。

そのようなわけで、その人自身よりその人がなにを所有しているかということの方が重んじられるときには、かならず差別的扱いがはじまる。こう考えると、ときとして、権力を握っている人々が差別的扱いという運命を逃れるため、それまで持っていた財産、権力、影響力をなんとしてでも保ちつづけようとするしかないわけがわかるであろう。抑圧される側でなく抑圧する側になろうとしているのだ。教会や国家で権力の座にある老人たちがしばしば必死で、時代遅れの観点や古くなった習慣に固執して、真の成長や発展を妨げているのを見て、「ほんとうのところ、権力を自分という存在の証しとしてしまったこの人々は、この業績第一主義の世界で自分に残されたたった一つの、どうにか通用する手段にしがみつくことで、自己の連続性を保とうとしているのではないか」と考えても、はずれてはいないだろう。そう見ると、この人々も、社会的には運にめぐまれなかった同世代の人々同様、老年の犠牲者といえよう。

差別的扱いはしばしば見逃されやすいかたちでおこなわれることを、ここでくり返しておきたい。子供たちは祖父母にていねいな手紙を書きはするものの、読み手がよろこびそうなことしか記さない。若い人たちは老人をたずねはするが、自分たちの実生活にはまず加わらせない。傷つけたり、心配させたり、ショックをあたえたりしたくないから、といって。口論も避け、真実を隠し、人生の現実はほとんど見せない。これらの思いやりは、年老いた父母、伯母伯父、または友人におだやかな晩年を過ごさせてあげたい、という善意から生まれる。しかし、じっさいにはそのせいで老人たちの生活は人間味に欠け、どこか満たされない、現実性のうすいものになってしまう。なぜなら、意識的にせよ、そうでないにせよ、選択された情報しかとどかない牢獄暮らしに追いやられてしまうので、自分の住む世界をありのままに見たり、理解したり、解釈したりできなくなるからである。フロリダ・スコット＝マクスウェルはこう書いている。

> [注8]わたしたちは独りで自分だけの檻に住んでいる。わたしたちの世界は狭まっていく。ひたすら狭まるだけ。だから悲しみが絶えない。友達は死ぬか、遠くに越すか、あるいは体が弱ってわたしたちを招くことができなくなる。そして、わたしも遠くに出かける元気がなくなる。……来信もめっきり減る。それで、わたしたちは自分だけで世界をつくって、そのなかに住むことになりがちである。老年国の国民になるしかない。ほかに行くべき国がないのだから。

差別的扱いはときにあらわな、ときに見えない形で存在する。しかし、自分で自分を社会から切り離すという抑制された形で、疎外がさらに強められることが多いのを忘れてはならない。わたしたちはしばしばかなり早くから、割り切った、明快な、一定の型の思考や行動をするようになって、いちいち悩むのをやめてしまう。その方が危なげがなく、安心できるように感じるからである。新しい暮らし方にもいろいろな可能性があるのに、それを避けて、殻に閉じこもってしまう。冒険に挑むのも、変革をせまられるのもいやなのだ。しかしそんなことでは、老年期にはまだかなり間があるうちから視野や見聞が狭まりはじめるし、自分で築きあげて慣れ親しんだ暮らし方ではもはや生きていけなくなるときが来ても、だれからも受けいれてもらえなくなる。

このように、差別的扱いは社会から受けいれてもらえないことであり、自分で自分を社会から切り離すことによって、しばしばいっそう強められる。そして老人に、自分は無用の居残り者か、とひしひし感じさせるもっとも強い要因になる。

## 親しいものに先立たれること

差別的扱いを受けることは老人の苦しみのなかではもっとも深刻な要素の一つであるが、それがどれほど強く老人を痛めつけているかを意識している人は、かなり少数である。老いの悲しみやつらさを口にしているとき、もっとも強く感じているのは自分が受けている差別的扱いではなく、むしろ親しいものに先立たれたさびしさである。

年をとると、一人、また一人と、まるでもぎとられるように、親しいものが世を去り、交友の輪が小さくなっていく。しかも、残されたわずかな年月ではその輪をもう一度広げることはできない、とうちのめされるような気持ちで認めざるをえない。長い年月のあいだ親しく、かけがえのない存在だった人々に先立たれてしまう悲しみは、なんともわたしたちを苛《さいな》むものである。失った友以上に近い存在はもういない、と身にしみて知らされる。友はぶどう酒のようなもの、「古くなれば、楽しんで飲めるのだ」(旧約聖書続編　シラ書九・一〇)。

あなたは人生を一回だけしか生きない。そしてわずか数人だけがほんとうにその旅路のなかに入ってきて、旅の仲間となり、幸福の絶頂も絶望の谷底も、また、変哲のない長い日々も共にしてくれる。その人たちに先立たれてしまうと、あなたはひとりで旅を続けなければならない。その途上で親切な人々に行きあうだろうが、いかにやさしくしてもらっても、「ね、おぼえてる、あれを?」とはもうけっしていえない。相手はあなたがそれに出会ったときその場にいなかったのだから。それで、人生はこわれた窓ガラスに映る一連の影のようになってしまう。

老後の日々をつらくするのは孤独である、と考えられることが多い。しかし、孤独は人とのつきあいが他の人にくらべて少ないということにすぎない。それに、わずかな人とのつながりだけで心から満足している人はいくらでもいる。これに反して、親しいものに先立たれることは、以前の日々にくらべてつきあう人々が少なくなっていくことである。[注9] それは自分の歴史にとつぜん裂け目が生じること、慣れ親しんだ絆を断たれること、人と接する楽しさを味わえなくなることである。親しいものに先立たれると、しんしんとしたさびしさが自分の存在の中心までも沁みとおる。そのさびしさは、しばしば、友人や親戚の人々といっしょに過ごしたときの懐かしい思い出というかたちで表現される。

差別的扱いを受けることが社会に受けいれてもらえないことであるならば、親しいものに先立たれることは、しばしば、その人たちに受けいれてもらえないこととして経験される。配偶者や友人が先に逝ってしまったことに対していくら説明がつけられるにせよ、わたしたちの心はしばしばその死を受けいれるのを拒んだり、ときには死者に怒りをおぼえたりする。とげとげしい、思いやりのない世間にひとりで残されてしまったからである。こういう感情はしばしば深く隠されていて、他人も気がつかないが、自分が意識することもほとんどない。しかし、だからといって、それが存在しないとか、苦痛ではない、というわけではけっしてない。

### 自己を喪失すること

差別的扱いを受けることと親しいものに先立たれることは、どちらも老人の心に強く作用して、深刻な疎外感を引き起こすものである。しかしいろいろ考えあわせると、もっとも悲劇的なことは、自分で自分を受けいれられなくなってしまうことであろう。自分を締め出そうとするものが自分の内側にあるのである。すでに、自分は利益中心の社会ではもう歓迎されない、また、ごく親しい人々とのつきあいさえかなえられなくなった、と感じていた老人は、それに加えて自分の価値も感じられなくなり、自らの内奥にあってさえ自分が自分であると感じられなくなる。自己を喪失することは、差別的扱いを受けることや親しいものに先立たれることと密接な関係があるが、しかしこれはこれで単独に多くの老人を苦しめるので、とくべつの注意をはらう必要がある。内なる自己を失った人は生きる目的をもたない。旧約聖書のベン・シラ[*10]とともに、こういうであろう。

ああ死よ、お前の宣告はなんと喜ばしいことか。
困窮し、力も衰えた者にとって
老いさらばえ、何事にも気苦労が絶えず
頑固となり、忍耐力を失った者にとっては。

（旧約聖書続編　シラ書四一・二）

自分の本質が過去にしか見いだせず、現在に満足することはほとんどなく、この先も闇が濃くなるだけだとしか考えていない人に、この自己喪失がもっともはっきりあらわれる。「昔の自分こそほんとうの自分だ」という思いこみほど強い疎外感をあたえるものは、ほかにはあまりない。このように、いわば自分が過去に吸いこまれた状態になってしまうと、ロバート・N・バトラー[*11]が観察しているように、不安と罪悪感と絶望と鬱におそわれる。[注10]そういう老人は、生産性の高さすなわち人間性の高さ、とみなしている社会の犠牲になり、人間の価値は交際相手によって決まる、という周囲の考え方から逃れられなくなってしまう。すると、内的自由を失い、さびしさのあまり創造的に対応することができなくなり、どうしても、気むずかしく、辛らつで、ひねくれた人間になっていく。その未来は空虚、闇、そして地獄でしかないのではなかろうか。

自己を失ってしまうと、希望が持てない。差別され、親しいものに先立たれて、この人々は自分の中枢を奪われてしまった。本来聖域としてだれも入れない自分の内奥を、悪の力に明け渡してしまっている。これは机上の空論ではない。まわりには闇しかないという老人たちは、じっさい、存在している。その闇のなかには、色がなく、標識もなく、信頼できる人もいない。この闇が、敵意、怒り、嫉妬、そしてときに凶暴な激情で満たされることもある。人間の歴史には、中世からシェイクスピアへ、シェイクスピアの「マクベス」からポランスキー[*12]の「ローズマリーの赤ちゃん」へと流れている、強いテーマがある。年老いた人が男女を問わず、醜い、不気味な魔術師、魔女となり、人々に危険な呪いをかけ、行く先々でつぎつぎ伝染する恐怖をまき散らしていく、という……。

ボーヴォワールの研究にただよう重苦しく、悲観的な調子、晩年に関する気の滅入る統計、そして、差別的扱いを受け、親しいものに先立たれ、自己を喪失している老人を襲う、だれの目にもあきらかな疎外感、これらを考えると、年をとることは闇に向かう道ではない、とみなすのはたいへんむずかしい。わたしたちは悪魔的な輪のなかにとらえられているような気分にたびたび襲われる。その輪のなかに入ってしまうと、一時的に闇を否定することはできても、「やはり、闇は、まだ若いと思っている人でもけっして逃れることのできない運命なのではないか」と思うようになっていくのである。

この闇の悪魔的な輪がじつにくっきり描かれているギリシアの物語がある。

[注11]スパルタのある老人は、村人からは差別的扱いを受け、親しい友人たちには先立たれ、自らを疎んじる気持ちも強まるばかりだった。そこで自分の定めを受けいれて、村を離れ、死ぬために独りで山にいくことにした。老人が出発しようとしたとき、その息子が孫に、おじいさんに毛布を一枚あげなさい、最後の数時間

をあたたかく過ごせるように、といった。しかし孫は毛布を二つに切って、半分だけしか渡さなかった。父親が年をとって死ぬときに残りの半分を持たせるために。

この話は逃れられない老年の闇をありありと描いている。祖父も父も孫もその闇にのみこまれていく。そこでは、愛は現実から目をそらした悲壮感あふれる行為でしかなく、老年期は無言のままに過ぎる絶望の時間である。

スパルタでは老人は死ぬために山に去った。バリ島では村の人々によって犠牲《いけにえ》として捧げられた。今日《こんにち》も老人は社会から締め出されている。もっと洗練された手段で、しかし、その結果はあいかわらず悲劇的である。

これ以上老いについて考えるのはやめることにして、ただ悲しみに頭《こうべ》を垂れるべきだろうか。わたしたちはそうは思わない。なぜかというと、ときとすると、現代の社会にも一人の若者があらわれて、自分は老人をかくまっている、その老人は木の天地を示して、集会所が倒壊してわたしたちを押しつぶしたりするようなことがないようにしてくれる、と告げることもあるからだ。老いについての誤った通念を正して、年をとることは、じつに、光へ向かう道でもありうることを、わたしたちに思い出させてくれるのはその若者だ。

## 光へ向かう道としての老い

これまで描いてきた闇の多くが、わたしたちの社会の構造的な病根と関係することは疑いがない。癒やされない老人が多いのはそのせいだ。そして、この社会に原因がある苦難については、わたしたちも胸が痛むほどわかっているが、それはこの本ではあつかいきれない。また、これらのあきらかに構造的な欠陥を解決することも、わたしたちの力にあまる。それどころか、老人をひどく苦しめている社会の病的な状況は、おそらくまだ何年も続くであろう、といわなければなるまい。

しかし、闇に圧倒されて、多くの老人の生のなかに見えている光のしるしに気がつかなくなるのは、悪の誘惑に乗ってしまうことであろう。わたしたちがこれまで述べてきた深い闇のまっただなかに、とつぜん、おだやかな笑みを浮かべた老人があらわれて、あなたがたがこれまで考えてきたこと以外にも見るべきものがある、と教えてくれるかもしれない。

　その時、エルサレムにシメオンと言う人がいた。この人は正しい人で信仰があつく、イスラエルの慰められるのを待ち望み、聖霊が彼にとどまっていた。また、主が遣わすメシアを見るまでは死ぬことはない、とのお告げを聖霊から受けていた。この人が霊に導かれて神殿の境内に入った。そして、両親が幼子イエスを連れて来て、その子のために律法の定めに従っていけにえを献げようとしたとき、シメオンは幼子を腕に抱き、神をほめたたえて言った。

「主[*13]よ、今こそあなたはお言葉どおり
この僕《しもべ》を安らかに去らせてくださいます。
私はこの目であなたの救いを見たからです。
これは万民の前に備えられた救いで
異邦人を照らす啓示の光
あなたの民イスラエルの栄光です。」（新約聖書　ルカによる福音書二・二五―三二）

シメオンはわたしたちの悲観的な見方を砕いてくれる。この賛歌は、気の滅入るようなわたしたちの統計を忘れさせてくれる、やさしい笑顔のようだ。シメオンはわたしたちを見て、「老いの訪れは光へ向かう道ともなる、と考えたことがあるかね？」といっているかのようだ。この人のおかげでわたしたちは目も耳も開かれ、新しい展望、新しい響きがいろいろあることに気づくだろう。すると、詩編作者がこう歌っているのがわたしたちにも聞こえてくる。

正しき人は……
主の家に植えられ
我らの神の庭で茂る。
年老いてもなお実を結ぶ
命豊かに、青々として。
そして告げ知らせる、「主はまっすぐな方
わが岩、御《み》もとには不正がない」と。

（旧約聖書　詩編九二・一三―一六）

あなたの言葉が開かれると光が射し
無知な者にも悟りを与えます。
（旧約聖書　詩編一一九・一三〇）

神に従う人のなかにこの光を見たモーセは、人々にいった。「長老たちも、あなたに話してくれる」（旧約聖書　申命記三二・七）。そう、悲観のあまりわたしたちが見つけようとしないだけで、たぶん、男女を問わずこういう老人は実在するのだ。その人々をわたしたちの集まりの中心に招かなければいけない。混乱状態にあるわたしたちの内外の闇を払いのけて、木の天地を教えてもらうために。

「長老たちも、あなたに話してくれる」。わたしたちのなかに長老がいるのが、わたしたちには見えているだろうか。たしかにわたしたちのなかにいる。しかし、統計、調査、アンケートをいくら調べても、その人たちが見えてくることはほとんどない。老年期の闇についてはかなり調査がすすんでいるが、光の方は利潤追求者たちのコンピューターではうまくつかめないらしい。しかし現状に心を痛めている人々は、老いについての歪んだ見解を正しはじめている。若年、中年の人が老いを恐れるのは、かなりの場合、事実を知ってのうえではなく噂にもとづいてのことだ、とこの人々は確信している。

アレクサンダー・リーフ博士[*14]は、『ナショナル・ジオグラフィック』[*15]に寄せた論文の中で、ロシア、カシミール、エクアドルの気品ある高齢者をうつくしく描いている。[注12] またバーニス・ニューガーテン[*16]は七〇歳から七九歳までの二千人以上の男女について長いあいだ研究をつづけていたが、最近それが完成した。[注13] ニューガーテンは、老年期を、人がそれぞれのすばらしさを徐々に失いながら、灰色の影につつまれて生の歩みの終末を迎えるとき、と考えるのは正しくない、と説得力のある論旨を展開している。じっさい、こういう型にはまった老人のイメージが、年をとることに対して不必要な恐怖をいだかせ、「他の年齢層に反発を感じさせ、あるいは敵意ある態度をとらせ」[注14]てきたのだ。老年期は暗いものという単純なきめつけは、世代間に溝をつくってしまう。ニューガーテンは「老人は貧しく、孤独で、病気がちで、不幸な存在だ（あるいは反対に、権力をにぎっていて、頑固で、反動的なものだ）と信じているかぎり、わたしたちは老年期をなんとも不快なものとみなすようになる。だからお年寄りを仲間はずれにしても、低い立場に追いやっても、心が痛まないのだ」[注15]と述べている。

世代間の溝がひきおこす害は大きい。若い人は老人に距離をおく。そして、老人も若い世代に対して師の役をつとめることができない。それで、若い人々は自分も年をとっていくことに気づかせてもらう機会もなく、創造性にとって貴重な感性の中心を、老人の助けを借りて発見することもできない。現代社会をやさしさに欠けたものにしている大きな原因は、自分は不老不死、という錯覚である。それは、いいかえれば、生命とは損失しないように守るべき自分の所有物であって、他人と分かちあう賜《たまもの》ではない、という思いちがいである。老人に導かれて自らの老いと接する、ということができなくなってしまうと、わたしたちは、不老不死幻想を支えようとして、その危険も省みず、老いることに対してすぐさま強硬に抵抗しはじめる。そうすると、わたしたちには老人の知恵が見えなくなってしまうし、老人も人生に対する深い理解を失ってしまう。喜んで学ぼうとする生徒がいないのに、だれが教師でいられるものだろうか。

しかし老人を陰気な、はっきりものをいわない、社会のお荷物である、ときめつけてしまうのは正しくない。じっさい、若者にくらべると、多くの老人がより個性を発揮して、それぞれかけがえのない存在になり、その人特有の才を身につけている。「人[注16]は一人一人みな違う。その違いは年を経るにつれ、ますます強まる。それぞれ独自の経験を積み重ねていくから、ある人がその生涯で関わった人々、ものごと、興味、活動の組み合わせは、それと同じものがけっしてない。……人生の軌跡が完成に向かうにつれて、その人らしさは増していく」。

わたしたちが年老いた人々をいたずらに恐れなくなり、もっと近づいていくと、子どもたちが感動とおどろきに目を輝かせて、おじいさん、おばあさんが語るお話に聞きいっているのが目に入る。高齢の教皇ヨハネ二三世[*17]が古い教会に生命を吹きこんだこと、高齢のマザー・テレサがインドで病人や死の近い人々に希望をあたえていることが頭に浮かぶ。レンブラントの最後の自画像に以前のものにはなかった深さを発見する。ミケランジェロの晩年の作品に感嘆し、それらがこの芸術家のもっともすばらしい仕事であることにおどろく。老いたシュヴァイツァーの毅然とした顔、高齢のアインシュタインの鋭い眼差し、教皇ピオ一〇世[*18]のやさしい顔が思いだされる。長年働いてきた畑を見わたす農夫の澄みきった静けさ、子らに早逝された女の、深い理解を底にたたえる、やさしい笑顔、年老いた詩人が見せる集中の表情に心を打たれる。人々がふるさとの昔のようす、過ぎ去った日々、古い友人などについて語っているのを聞くと、ああ、苦しみと喜びが組みあわされたメロディのようだ、これはやがて発展して、沈黙のクライマックスに達するのだ、と思う。そして、長年にわたり社会をののしりつづけてきた少なからぬ人々の、衰弱し、うちひしがれた顔に、ゆっくりとではあるが、しかしあきらかに、新しい光が――老いゆくなかから生まれるがゆえに、けっして消えることのない光が――あらわれてくるのを読みとる。

わたしたち二人がそれぞれの体験を思いかえしていたとき、一人はオランダの祖母を心に浮かべた。

祖母のことを思うとき、わたしは悲しくなったり、憂鬱になったりすることがない。いや、わたしの回想の地平線には、あたたかい笑みが曙の光のようにあらわれる。キスしてもらうたびに、やわらかいなあ、と感じた、祖母のうつくしい白髪と愛情に満ちたちいさな顔が浮かぶ。祖母は安楽いすに腰かけて、わたしが聞いてもらいたいと思ったあらゆることに、じっと耳を傾けてくれた。父のこと、母のこと、兄弟姉妹のこと、勉強のこと、聖職叙階[*19]のこと、未来の計画、希望の数々など、なんにでも。そしてわたしは、祖母はいつもわたしに味方してくれるのを知っていた。教師についての不平を祖母にもらしながら、わたしは自分はまちがっていない、と感じた。長い旅行に出かけなければならないと告げるたびに、祖母は「まあ、それはたいへんだねえ」といってくれた。わたしが、忙しくてかなわない、というと、祖母はその原因の一端となっていると思われる人々に、片端から腹をたてそうになった。わたしがなにをいっても、祖母は必ずまじめに受けとるのだった。

八〇年におよぶ自分の長い過去を語ることはめったになかったが、わたしには、祖母の目の中に、オランダの小さな農場のゆっくりした生活が見えた。祖母が出会い、四五年の間その伴侶であった人も、また、二人の間に生まれた十一人の子どもたちも、わたしには見えた。また、祖母がわたしの父に歩きかたや話しかたを教え、さらに、自らの道を進むように教えたようすも見えた。そしてわたしは祖母の、いつ終わるともしれない、はらはらさせられる喘息の発作を眼のあたりにした。祖母が窓辺に立ち、家のまえに止まっている霊柩車を見つめて、墓に運ばれていった夫の最期を思いかえしているのも見た。それから、祖母がふたたび編物をはじめるのを見た――祖母はよく編物をしていた。セーターや長いマフラーを、わたしに、そして孫たち全員に編んでくれた。
ある日、ロザリオを手にわたしのまえに座り、祖母はいった、「ほんとうによかった、おまえに塗油《とゆ》[*20]してもらって。とてもうつくしい式だったよ。これでもう、いつでもいくことができる」。そしてほほえみながら、祖母はつけくわえた、「でもね、ヘンリ、あまり心をこめてしてくれたので、わたしはもうしばらくこの世にとどまって、子や孫たちのためにロザリオの祈りをささげないといけないねぇ。だからたいそう忙しくなることだろうよ、おまえも知ってのとおり、ずいぶん大勢いるからね」。そして、――ある日、窓辺のいすにすわって、昔から持っている祈禱書を手に、祖母は頭をつと下げて、わたしたちのもとから去っていった。その顔は平安と光に満ちていた。

年齢《とし》をかさねることは光に向かう道ともなりうるのだ。オルダス・ハックスリ[*21]は兄ジュリアンの誕生日につぎの手紙を書いたとき、このことを知っていた。

年[注17]老いたと感じるのはつらいものです。……しかし、わたしは思うのですが、われわれは二人とも幸運な少数派に属しているのではないでしょうか。つまり、精神の寛やかさと若さの柔軟性を保ちながら、これまでの長い経験の果実を楽しめる人々の仲間に。

わたしたちはまず、「どうして多くの老人が疎外感をいだくのか」という、むずかしい問いと取り組まねばならなかった。今度は、「ハックスリが幸運な少数派と呼んでいる人々にとっては、どうして老いに向かうことが光に向かうことになるのか」という問いについて考えていかねばならない。第一の問いより第二の問いの方がむずかしい。生身の人間には、苦痛の方が幸福よりわかりやすいのだ。自分の脚のことでも、なんでもないときより、痛いときの方が描写しやすいし、はっきり伝えられるものだ。それと同じで、老いがもたらしてくれる喜びについて話すより、その苦痛について語りあう方に時間もエネルギーもより多く費やしがちなものである。しかし闇の虜でなく、光の子になりたいと願うなら、わたしたちは、闇に捕らえられていない老人たちが隠し持っている、この神秘に満ちた賜に近づこうとしなければならない。そんな老人はめったにいない、と主張する人々もいるが、それはあたっていない。たとえば、高齢のフロリダ・スコット＝マクスウェルはこう教えてくれる。

　老[注18]いとはなんだろう、と考えずにはいられない。わたしはそれをもの静かな日々だと思っていた。わたしの七〇代はおもしろく、かなり平穏であった。しかし、八〇代は情熱的である。わたしは年をとるにつれ激しくなる。我ながらおどろくことに、熱い信念を爆発させてしまうのだ。

　老年のみごとな成熟を描くことは可能だろうか。老年の日々をすばらしい贈りものとして楽しんでいる人々がいるが、その人たちが放射している光をいくらかでもとらえることは、はたして可能だろうか。たしかにやさしくはない。しかし、感謝しつつ、心をこめて年齢《とし》をかさねてきた多くの人たちが持っている希望、ユーモア、彼方の光を見つめる眼差しについて語っていくことによって、わたしたちはなにがしか伝えることができるかもしれない。

## 希望を抱いて

光への道とはどのようなものか語るにあたって、まずそれを、欲望から希望へゆっくり向きを変えること、として描いてみよう。欲望は外のものを求めるが、希望は願いを心のなかに抱きつづける。欲望は自動車、家、昇進、富、など具体的な目標を対象とする。しかし、希望は目標の達成にとどまるのではなく、約束を交わした相手への信頼の上に築かれる。希望は雪におおわれた大地の上を伝わってくる、教会の鐘の音のようだ。欲望の上に成りたつ結婚はたえず危険にさらされるが、希望の上に成りたつそれは未来に向かってひろがっていて、さまざまな可能性に満ちている。なぜなら大切なのは相手その人であって、相手がなにをしてくれるか、なにをもっているかが問題ではないからである。

それゆえ、欲望にとらわれた状態から希望をもつことへ自分を変えるには、目前の大小のことがらに執着するのをやめて、未来に向かって両腕をひろげる、という解放への歩みを、時間をかけて進めていかなければならない。ロバート・カステンバウム[*22]は、世間から「年寄り」とレッテルをはられるころになってしまうと、自分を変えるのはもうむずかしい、と強調しているが、たしかにそのとおりである。欲望にとらわれた状態から希望に向かって解放への歩みをはじめるためには、「中年期[注19]に時間と死を理解しなおすことが必要」なのである。C[*23]・G・ユングは、人生の歩みのなかでこの時期がいかに大切であるか、よく知っていた。

人生[注20]の真昼、それは人が能力と意志のすべてをあげて、ひたすら仕事に打ちこみ、じつに大きな発展を見せるときである。しかし、それはまた、たそがれの誕生のときでもある。人生の後半がはじまろうとしている。……正午には下降がはじまり、朝いだいていたあらゆる価値観と理想を反転させる。

人生の流れによってわたしたちは、願っていたことをあきらめたり、方向転換を余儀なくされたり、または、目標の立て直しを迫られたりすることがある。また、友を失ったり、対人関係がこわれたり、新しい計画と取り組むことになるときもある。そういうときわたしたちは、じつは、より広く、より遠くまで先を見通すように促されているのだ。ふだん心の表面を波立たせているあれやこれやの欲望の下の、希望という深い流れにふれるように、と招かれている。人生で予期しないつらい思いに苦しむとき、わたしたちは、「新しい出発が必要だ」[注21]といわれているのである。しかし、この方向転換が比較的早くなされなかった場合、老後にそれを期待することはできないだろう。

希望が強く感じられるようになってくると、自分の価値が「なにを達成したか」ということばかりによらず、「どのような存在であるのか」にもよるのだということが、すこしずつわかってくる。また、人生で有用性を失ったかに見えるものが、意味の深さにおいて優ることもあるのを知るようになる。これをじょうずに伝えている古い道教のたとえ話——節《ふし》くれだった、巨大な樫の古木をまえにした、大工とその弟子の会話——がある。

大工が弟子にいった。「これはどうしてこんなに大きな老木になったのか、わかるか」。

弟子はいった。「いいえ、……なぜですか」。

大工は答えた。「なぜなら、これは役に立たないからだ。役に立つ木なら切り倒され、材木にされ、寝台や机やいすにされてしまったことだろう。しかし、役に立たなかったからこんなに大きくなれたのだ。それで、いまではその蔭に人が来て憩うほどみごとな木になっている」。

木の価値がそれ自体にあるようになったとき、木は悠然と光に向かって成長していった。希望の力とはそういうものである。

### ユーモアを知って

光への道は希望に満ち、それゆえユーモアに満ちている。ユーモアとは、あたたかくほほえみながら、ものごとの本質を理解していることである。ユーモアは対象から一歩退くが、意地悪く眺めるためではない。ものごとを相対的に見るが、嘲りはしない。広やかな空間を創造するが、相手を独りにはしない。老いた人々はしばしば家庭内に上質のユーモアをふりまく。そして、大プロジェクトで頭がいっぱいな、こちこちのビジネスマンをくつろがせ、笑わせる。あたたかくほほえみながら本質を見ぬく、というのは偉大な能力である。

ある日、地位も、勲位も高い外交官が教皇ヨハネ二三世のまえにひざまずき、指輪にキスして、いった。「わたしたちの聖なる父であられる教皇様、あのすばらしい回勅[*24]、『地上の平和』を世に与えてくださいましてありがとうございます」。教皇は外交官を見て、微笑し、答えた。「おやまあ、あなたも、あれをお読みになりましたか？」また、だれかが「ヴァチカンで働いている人は何人いますか」と質問したとき、教皇はしばらく考えてから、いった。「そうですね、全体の半分くらいでしょうか」。

ユーモアは大いなる徳である。それはあなたを自分や世界と真剣に取り組ませるが、融通がきかない人間にはしない。人生のあらゆる瞬間に死を意識させるが、わたしたちを陰鬱にさせることはなく、むしろやさしく世の無常を思い出させてくれるのである。

地上のどこにいても、ユーモアのセンスのある老人は、堅苦しくなりすぎる世界を相手におもしろく遊ぶことができる。アムステルダムでは、学生が大学の建物を占拠して立てこもったときに、老婦人たちが食べ物、飲み物の入った籠を長い綱で送って、警官隊がまるで「世界を救わねば」といわんばかりに、職務にやっきとなっているのをからかって、楽しんだ。カリフォルニアのヴェニス・ビーチ[*25]では、おじいさん、おばあさんたちが海岸のベンチにすわって、髪をのばした裸足のヒッピーや、ゲイであることを隠さない人たちや、自称グールー[*26]、ヨガ行者、霊媒たちと何時間もおしゃべりを楽しんでいる。また、エクアドルでは一二三歳のおじいさんが女性についてたずねられて、ワッハッハッと笑いながら、こう答えた。「もう女もよく見えなくなってしまったがね、女かどうかは触ればわかるよ」。

こういった老人たちは、人と人との間を遮って恐怖と猜疑心をかきたてていた壁を、すでにいくつもこわしてきている。そして、自由に生きようとするさまざまな新しい試みも、正しく評価することができる。ときとして老人たちはまわりの人間も感じるほどの深い理解を漂わせて、こういっているかのように見える。「君たち若者がなにをしようとしているか、知っているよ。わたしにはよくわかる。どんどんやってみるがよい。やってみる価値はある。なぜって、わたしは知っているのだ、自由とはどんな感じのものなのか」。そういう人々に見つめられると、そのしわの寄った顔の目の遙かかなたで一つの光が輝いているのが見える。

著者の一人は、少年時代に住んでいたアパートの一階にいた老婦人を思い出す。

そのおばさんはわたしがそれまで会っただれよりも幸福な人だった。この人がつらいことと無縁だったわけではない。何年も前に夫を失っていて、収入は微々たるものだったし、視力も落ちていた。しかし、子どもたちを育てあげ、人生を楽しんでいた。わたしが学校帰りに立ち寄らなかったりすると、後でかならず「ウォルター、今日はさびしかったよ」といってくれた。おばさんの住まいを訪れるのはどんなに楽しかったことか。猫と魚と小鳥と、ジンジャーという名の犬がいた。その界隈の子どもたちは一人残らず、その生き物たちが大好きで、おばさんは子どもたちが訪ねてくるのを喜んでいた。ある日、わたしは「こんなに動物がたくさんいて、どうしてみんなちゃんとめんどうを見られるの?」ときいてみた。おばさんは笑って、「わたしは生き物の世話をするのがすきなの。生きていることのすばらしさをいつも思いださせてもらえるもの」といった。毎晩ポーチに座って道を行く人々にあたたかく挨拶するおばさんの姿は、人生への愛で溢れていた。「笑う門には福来《きた》る」ということばがお気に入りであったが、まさにそういう感じの人だった。わたしの遊び仲間もわたしも、終生忘れえぬことをこの人から学んだ——年をとるのは悪くないばかりか、楽しいものだ、という……。おばさんは数年前に八〇代で亡くなった。おばさんを知っていて、その人柄を愛していた人たちは口々にいった、「ほんとうに福に包まれて亡くなったねえ」と。

執着心がなくなり、去りゆくものはそっと去らせることができるようになると、老いた人々は、いたずらに不死を願うこともなくなるのではなかろうか。そして、過ぎ去った人生のつらかったこと、思いもかけなかった事件のいずれをも、ほほえみをもって眺められるようになる。どのようなこともそれぞれ正しく位置づけられると、生きることの真の理由であるいっさいを迎えいれられるようになるのだ。

## 彼方の光を見て

希望を抱き、ユーモアを楽しんでいる人は、それまで見えなかった光を知るようになる。人間としての存在の限界を越えたはるか彼方にある光、自分をそっと、あたたかく抱擁してくれるかに思える光をじっと見つめている高齢の人々に、ときどきわたしたちは出会う。この光について、「わたしのいるべき場所の主が、帰っておいで、とやさしく呼んでいるかのようだ」という人に出会うこともある。フロリダ・スコット＝マクスウェルが老年期の生活を描いたものを読むと、なぜ年齢《とし》をかさねるにつれこの光がはっきり見えるようになるのか、わかってくる。

長いこと生きてきたことで、[注22] わたしは、自分が以前より真理に近づいたのを感じる。しかし、それは言葉にはならない。だから、どうして人に伝えることができようか。わたしにはできない。でも、伝えたい。老年に近づきつつあり、しかもそれを恐れているであろう人々に、わたしは「老年期とは発見のときですよ」といってあげたい。もし、「なにの？」と問い返されたら、わたしが答えられるのは、これだけ。「それはひとりひとり御自分で探すことですよ。でなければ発見ではないでしょう」。

年齢《とし》をかさねるにつれて、わたしたちはますます彼方の光がよく見えるようになり、人間としての自己の限界を越えられるようになっていく。彼方の光が見えるようになると、過去への執着がなくなるばかりか、現在を重大視しすぎることもなくなる。その光を見るようになると、不安が消え、すべてを委《ゆだ》ねよう、という気持ちになるので、生と死の差も徐々に痛みなしに受けいれられるようになる。

オルダス・ハックスリが最初の妻、マリアの死を描いた文章のなかに、それがじつによく表現されている。マリアの頭に手をおき、ハックスリはそっと話しかける。

委[注23]ねるのだ、委ねるのだ、……光のなかへ進むのだ。光のなかへ運んでもらいなさい。なにも思い出さなくてよい、後悔もいらない。後ろをふりかえらないで。自分の未来も、他のだれの未来も心配しなくてよい。光だけを見ていなさい。この純粋なもの、この愛、この喜びだけを。

光については、語るべきことがもうひとつある。光は彼方に輝いているだけではない。ユーモアは、若い人と老いた人、旅する者と留まる者、宿主と客のあいだにある隔ての壁をこわして、交流を生じさせることができるが、光はそれよりももっと深い分裂を解決し、人をそれぞれのとらわれから解放して、全人類に和をもたらすのではなかろうか。

オランダ人司祭ハン・フォートマンはこれに気づき、それをじつに鮮明に表現している。フォートマンはインド旅行のさなか、癌の末期であることがわかり、死を待つために故国に帰らなければならなかった。しかし、死の床で力が徐々に失われつつあったとき、つぎのようなうつくしい文を綴ることができた。

単純[注24]で明白な事実からはじめていこう。人生の決定的瞬間、たとえば死に直面したときには……人はそれぞれの文化的、宗教的背景に関わりなく、いちばん大切なことばを発見する。そのことばは「光」！　たしかにそのとおりなのだ。ヒンズー教徒、仏教徒のいう「悟り」とキリスト教徒の「永遠の光」は、基本的に同じことを指しているにちがいない。どちらも、死ねば光のなかへ入るのだ。

しかし、日常生活を考えると、現代のキリスト教徒にくらべて仏教徒は、死に至るかなり以前から、光とともに生きること（涅槃《ねはん》）は単なる概念ではないことを知って暮らしているのである。……このように内面的に光に照らされること、いいかえれば「悟り」、それはヨハネによる福音書がいうように、「世[*27]に来てすべての人に」与えられているのである。禅の「悟り」やヒンズー教の「サ[*28]マーディ」

はそれをみごとに教えているが、実践を中心にしてきたキリスト教の宣教のなかではこのことはあまり注目されて来なかった。しかしだれであれ、ひとたび神に出会った人は、「来世とは」という問いに関心をもたなくなる。だれであれ、ひとたび偉大な光のなかで生きることを学んだ人は、その光が明日もそこにあるだろうか、などと心配することがない。……神からの光が日々の生活のなかでも現実となる――それはいうまでもなくあらゆる宗教の眼目であるが――と、もはや来世について懐疑的に問うことはなくなるように思われる。

死を目前にした人の書いたこの文は、なんと壮大な展望をくりひろげていることだろう。年齢《とし》をかさねることは、光に向かって成長することなのだ。その光は、文化や人々を宗教ゆえに区分している、暗い、灰色の境界線をすべて消す。そして、人間が各々別個にすすめてきた真理探求のさまざまな色彩を統合して、一切を抱擁する虹とする。この光は、わたしたちが年をとるにつれ、しだいにはっきり見えるようになり、また、わたしたちの生のなかで成長し、狭まってくる小道を広がりゆく大通りとするものなのである。

希望を抱き、ユーモアを忘れず、彼方の光を見る、この三つが日常のことになると、わたしたちは、精神の寛やかさを保ちながら、「これまでの長い経験の果実を楽しめる幸運な人」[*29]になる。エルサレムの神殿にいた老いたシメオンは、あきらかにこの幸運な人々の一人であった。バリ島の老祖父が集会につれてこられて木の天地を教えたように、シメオンも導かれて、万民のために整えられた光、その老いた腕に抱かれた幼子によってもたらされた光を、世に告げた。[*30]その光に照らされると、若い人も老いた人も、老年期という区分は「最後の差別的扱い」ではなく、わたしたちの心のなかにあった錯覚であると気がつく。わたしたちは若者対老人として隔てられているのではなく、みんな光の子として深いところで結びあわされているのだ、とわかる。そして、互いに抱擁しあう。

## 結び

年齢《とし》をかさねるのは闇に向かうことなのか、光に向かうことなのか。だれも他人《ひと》にそれを決定してもらうことはできない。自分の存在の中核からしか、答はもたらされない。ほかの人がどのように年齢《とし》をかさねていくべきか決められる人は、どこにもいない。その存在の意味を計算したり予想したりされるには、人間はあまりに偉大なのである。自分のあり方、それは、それぞれの心が自由に発見し、確認していくものなのだ。差別しあうのか連帯するのか、絶望にしずむのか希望にはずむのか、自己を喪失してしまうのか、光を見つめて自己を新たにしていくのか、それを自分で決める自由をわたしたちは与えられている。人はみな老いて、死ぬ。それを知っていても、どのように老いるのかは自分で方向づけなければならない。破壊的に生きるか、創造的に生きるか、他人や自分を抑制しつつ生きるのか、解放しつつ生きるのか、それは自分が決めるのだ。

老年期は、嫌われたり拒まれたりするだけの、人生でもっとも恐るべき時期のようにも思われるが、じつは、村の人々に木の天地を教える喜ばしいときにもなりうるのだ。しかし、老いた人々を隠れ家から呼びだすのはだれか。老人の心から恐怖をとりのぞくのはだれか。差別され、親しいものに先立たれ、自己を喪失していくという闇の状態から救いだし、万民[*30]のために整えられた光のなかへ連れてくるのはだれか。それぞれの社会で人々の前に進み出て、「老人を追放することは伝統を失うこと、災難を呼ぶことだ」と告げる、勇気ある若者はだれか。

それは老人を大切《ケア》にする人だ。まわりから大切にされるとき、年をとることは光へ向かうこととなり、希望を、そして新しい生を提供するものとなりうるのだ。

# 第二部　世話《ケアリング》すること

## はじめに

まず、オスカー・ココシュカ[*31]が、ロンドンのある美術館を訪れたときのことを語った文を紹介したい。人はだれも老いていく、という条件のなかで世話《ケアリング》をすることについて、わたしたちが理解を深める助けになるのではなかろうか。

第[注25]二次大戦中わたしはイギリスにいた。金もなく、うちのめされるような気分の日々であった。ある日、わたしより若く、毅然としていた妻に「気分転換に美術館にいきましょうよ」とさそわれた。至るところで破壊がおこなわれている。爆撃されているのはロンドンだけではないのだ。――どこそこの都市が壊滅した、と聞かされない日はなかった。破壊、そして新たな廃墟。一つの世界が壊されていく。一つのる悲しみに胸をえぐられるようであった。

わたしはレンブラント[*32]の最後の自画像をじっと見た。なんとすさまじい、打ち砕かれた、なんと恐ろしく、絶望的な、そしてなんとみごとに描かれた姿！　とつぜんわたしは理解した。消えていく自己を鏡のなかに見つめる――無を見る――ことができる、無としての自分、人の無の状態を描くことができるとは！　なんという奇跡！　なんという肖像！　ああ、くじけてはならない。わたしは新しく生まれかわる思いだった。「聖なるレンブラント」と、わたしはいった。芸術家たちがいてくれるおかげで、わたしは生きていけるのだ。

つくろわず、恐れず描いた自画像によって、人々に新しい生をもたらす芸術家。人の世話《ケアリング》をするとはどういうことなのか、それを視覚的に表現するものとして、これ以上のものはなかなか考えられない。レンブラントは六三枚の自画像を描いたが、それは「表情研究のためのモデル」としてだけではなく、[注26]「内奥なる人格を通して霊的なものを探求する」ためであった。レンブラントは、人間の内面の神秘に分け入りたければ、自ら自己のなかに、すなわち自分のなかの明るい部屋にも暗い地下室にも入りこまねばならない、と感じていた。また、きわめて個人的なものはきわめて普遍的なものである、と知っていた。年齢《とし》をかさねていくにつれ、レンブラントはますます人間の経験の心髄に触れることができるようになった。そここそ一人一人が悲惨の内にあらためて自分自身を見つめ、「くじけずに、しっかり、新しく生きていこう」という気持ちをとりもどすところである。わたしたちもほんとうの世話をしたいと思うならば、つぎつぎ自分の自画像を描きあらためていかなければならない。病的な自己執着としてではなく、闇のなかで光を探している人々の助けになるように。

世話をしていくには、自分自身の傷つきやすい自己を、相手を癒やす源として差し出さねばならない。老いゆく人の世話をすることは、それゆえ、なによりまず、あなた自身が老いゆく自分の自己と深く接触すること、自分の時間を意識すること、自分の人生の軌跡が刻々とつくられているのを感じることなのである。このように老いゆく自己を認識していてはじめて、癒やすことができるようになる。そして人があなたのもとに来て、未来への身のすくむような恐怖を投げすてていけるようになる。

老人にただやさしく、にこにこ接したり、訪問したり、花を持っていったり、運転手代わりをすることが世話することだ、と考えているかぎり、わたしたちははるかに大切なことを忘れがちになる。自分は世話をしている相手と心から共にいようとしているか、また、それができるか、ということこそいつも心にとめておくべきことなのに。しかし、わたしたちが、自分も老いゆく者である、という事実から逃げ隠れしているのなら、どうして心を開いて老人と共にいることができようか。年老いた人々の語る話が、わたしたちがなんとか塞いでおこうとしている傷口を開いてしまうのなら、相手が苦しみや悲しみを訴えているとき、どうして心から耳を傾けることができようか。わたしたち自身の老いゆく自己は部屋の外に出しておきたいのなら、どうして仲間同士だと感じてもらえるだろうか。傷つきやすい自分の自己は恐れの鎧《よろい》で囲い、見ないようにしているのなら、どうして老人の生のなかの傷つきやすい箇所にやさしくふれることができようか。

老いていく者同士という連帯感を持ち、同じことを経験していくものとして話ができるようになってはじめて、わたしたちは、他者《ひと》が老年期ならではの自由を発見するのを手伝えるようになる。おなじように老いゆく自己のなかに老人を迎えいれることによって、わたしたちはよい世話ができるようになり、また、癒やしもはじまるのである。そこで、人はだれも老いていく、という条件のなかで世話をしていくことについて語るにあたり、まず、世話することを自己に向かう道として考察し、そのあと、他者《ひと》へ向かう道としての世話について述べていきたい。

## 自己に向かう道としての世話

わたしたちはどのように老人に歩み寄り、どのように手をさしのべればよいのか、ということを考える前に、まず、どのようにして相手を自分の生の中心に迎えいれるか、ということを考えてみたい。相手の話を真心をこめて聴くことのできる場、老人にとっても内なる声を聴いてもらったと感じられる場をどのようにして心のなかにつくるのか。わたしたちはしばしば説教したり、教えたり、病気をなおそうとすることに熱心になるあまり、世話をしている相手が差し出そうとしているものに気がつかず、また受けいれようともしない。しかし、わたしたちはみな、自分にも存在する意味があるという気持ちがもどって、はじめて癒やされていくのではなかろうか。その気持ちをとりもどすためには、わたしたちは、自分のもっている美点を発見して、心からそれを受けいれて、すばらしい贈りもののようによろこんでくれる他者《ひと》を必要とするのではないだろうか。この人はわたしの自己、わたしのもっともすばらしいところを認めてくれている、と、もし世話してくれる人の目のなかに感じとれなければ、わたしたちが、自分にも存在価値がある、と感じる場所がほかにあるだろうか。

老いた人々を自分の内なる自己に迎えいれるのは、しかし、けっしてやさしくはない。わたしたちは老いを目で見ないようにしているだけでなく、それ以上に感情的にも認めようとしない。心の奥底に、自分はいつまでも変わらない、という幻想を抱いて生きている。扉を閉じた部屋や老人ホームに入っている高齢の人だけでなく、自分のなかでゆっくり頭をもたげはじめている老人を、わたしたちは拒否したいのだ。それは未知の人だから。未知の人は恐ろしい。おまえが自分の所有物だと思っているものを取るぞ、と脅す侵入者なのである。

すこし前のことだが、ジムという、三二歳になる、ハンサムで聡明な男性が「将来なにをするつもりなんだね」ときかれた。創造的な人生を送りたいと真剣に考えていたジムは、「お年寄りのあいだで働きたいと思って、本を読んだりして、勉強しているところです」と答えた。すると、居あわせた人々はみな驚きととまどいをあらわにして、ジムをじっと見つめた。一人が「だが、ジム、ほかにすることはないのかね」といった。別の一人は「どうして若い人のために働かないんだ。君ならきっとすばらしい働きができるだろうに」といい、もう一人が、しかたなかろう、という調子で「そうか。なにか事情があって、出世をめざすのはやめたんだな」といった。人々のこのような反応を思いかえしながら、ジムは「ときには、自分がまるで無意味なことに関心をもってしまったような気にさせられることもあるよ。でも、ほんとうのところ、ぼくがそういう方面に関心をもっているときいて、その人たち、心の底では怖くなったんじゃないかな。自分も年をとるのだってことは考えないようにしてたのに、それを目の前につきつけられてしまったようで」といった。

このように老人を世話するための第一歩は、自分の老いを避けないで、むしろそれを意識して生きることである。自分の生が絶対のものでないことを知った人だけが、死の近いことを感じている人の顔に笑みをもたらすことができる。その意味では、世話とはまず第一に老いゆく自己へ向かう道である。そのなかでわたしたちは、人間として同じ条件の下に生きるすべての人を癒やす力を見いだしていく。よその家にいって、そこの主人が不在ならば、自分が歓迎されていると感じる客はいない。聞き手をつとめようとしてくれる人がいても、自分の話がその人を不安にさせるのなら、だれも隠していた心配事や秘めた望みを口にしてよいとは感じない。べつに知られていないことではないが、わたしたちが提案や助言や忠告をしたり、あるいは、うつくしいことばを口にするとき、それは相手を自分に近寄らせるためというよりは、距離をおくためであることが多い。老人に、なにか適当な時間つぶしを考えてあげたり、もてなしや気晴らしに誘おうといったことばかり考えているとき、わたしたちは、じつはほとんどの老人は、気晴らしに連れだしてもらうより話を聞いてもらいたい、もてなしてもらうより支えてもらいたい、と願っていることに目をつぶろうとしているのかもしれない。

ある老婦人がこう語っている。

ある日、感じのよい学生さんが、訪ねてくださり、たいそううれしゅうございました。とても楽しいひとときでした。夫や子どもたちのことを聴いていただきましたし、さびしく、悲しいときも多い、とお話ししたりしました。話していると、涙があふれてきましたが、心のなかでは、聴いてくださる方がいるのがうれしかったのです。でも、――その後、二、三日してから、その学生さんはまた訪ねてみえて、こうおっしゃったのです。「このあいだうかがったお話が忘れられなくて、それに、どんなにおさびしいことかと、ずっと気になっていました。……それで、わたしにどんなお手つだいができるか考えてみました。……で、わたしたちのこのクラブにお入りになるお気持ちがおありか、と思ったのですけれど……」と。それを聞いて、わたくしはすこし恥ずかしうございました。なぜならこのお優しい方にこんなにご心配をおかけしたのですから。わたくしとしてはどなたかに聴いていただき、わかっていただければそれでよかったのですけれど。

老人はたしかに実際的な助けもいろいろ必要とするが、もっと貴重なのは、自らの老いゆく自己を世話の源として差し出してくれる人々なのである。わたしたちが老人を自分の経験の中心に働きかけてくる存在として受けいれているならば、その人を老いてゆく自分の自己のなかに感じているならば、苦しんでいる人々を癒やすような自画像をわたしたちも描けるかもしれない。老いた人々がよそ者と感じられるあいだは、世話しているつもりでも、それはほとんど世話になっていない。世話をしている老人をわたししたちの内なる自己の一部とし、友として喜んで迎え、わたしたちの懐でくつろいでもらうことが先である。

それでは、真の世話をしている人、他者《ひと》を世話することがすなわち自らの自己と接することであるような人には、どのような特色があるだろうか。いろいろ考えられるが、とくに大切なのは、自分はなにも持たぬものであると知っていること、そして、深い思いやりを持つことであろう。この二つについてもっと深く考えていこう。

## 自分はなにも持たぬものだと知って

自分はなにも持たぬものだと知っていると、自分の生は自分のものだから他者《ひと》から侵されないように守らねば、とは思わない。むしろそれは他者《ひと》と分かちあうために授かったものだ、と考えて生きていく。自分はなにも持たぬものだと知っていると、過ぎた日々には執着せず、絶えず未知の経験に向かおうとする。さらに、時間も自分のものではないことがわかってくる。「日、週、年という時の流れ、それは、わたしたちが、他者《ひと》に与えて生きるように、と呼ばれていることをしずかに思いださせてくれるもの。愛や労働だけでなく生命そのものまでも、自分の後から来て、自分と入れ替わっていく人々に与えて生きるようにと心から思えるようになる。世話をする人は、自分はなにも持たぬものだと知るように、持てるものであるという錯覚を捨てるように、休息の場を探している人が入ってこられる場をつくるようにと促されている。逆説的であるが、なにも持っていないからこそ他者《ひと》をよく受けいれられるのである。わたしたちの手や頭や心が、悩みや心配事や先入観でふさがれていれば、他者《ひと》を居心地よく迎えいれる余地はなくなってしまう。

わたしたちがこれをまざまざと経験できるのは、カウンセラーや牧師、あるいは学校の教師の部屋に入ったときである。壁も机もいすも本で埋めつくされているのを見ると、自分の個人的な悩みごとなど人に耳を傾けてもらう価値があるとは思えなくなってしまう。そういう場所は、あまりに多くの車がアイドリング中でだれも動けず、自動車が「動く車」ではなくなってしまっているニューヨークの大通りのようなものであり、「先約ずみ」、つまりほかのことですでに頭がいっぱいの状態なのである。

それゆえ、老人を受けいれる場をつくるには、まず、自分の生は自分のもの、他人に譲るなどもってのほか、という考えを改めなければいけない。自分の生は束の間の現実、楽しむことはできてもとらえておくわけにはいかぬもの、また、自分の生は贈られた貴いもの、しばし育むことは許されるが、執着することは許されぬもの、もしこのように考えることができないなら、どうして自分の世界に老いた人を迎えいれる気になれるだろうか。もし自分の生にしがみつくようにしていて、だれにも分けてやらないぞ、と考えているなら、どうして老人に、この人は自分を歓迎してくれる、と感じてもらえるだろうか。もし、自分は限られた時間を生きてゆくもの、やがて死すべきもの、ゆえに他の人々とおなじく歴史のなかの一通行人にすぎないものであることを思い出したくないならば、どうして老人がほっとくつろげるような場をつくることができるだろうか。

こう考えると、老人の世話をすることは、自分がなにも持たぬものであることを教えてもらうことだ、とわかる。自分の生活は自分で創りあげた、なにが起ころうと、だれが来ようと、それを取りあげることはできないというのは錯覚だよ、それを捨てなさい、と老人は呼びかけている。なにも持たぬことを知ると執着心がなくなる。そして心が広がり、わたしたちは、赤の他人とみなしていた老人を自分の生活のなかに招き、もっとも親しい友として受けいれられるようになる。

世話をすることによって、自分も年をとって、やがてはこの世を去るのだと思うようになると、わたしたちはほんとうに相手のために自分を差し出せるようになる。なんと答えようかと心配したりせずに、その人たちの話に耳を傾けることができる。自分はなにをあげられるだろうかなどと気にしたりせずに、相手が差し出そうとしているものに注意を向けられる。この人たちに対して自分はどんな存在になれるだろうかと考えたりしないで、相手だけを見つめて、理解を深めていくことができる。見当ちがいな心配や偏見を捨ててしまうと、わたしたちは未知の老人にくつろぎの空間を提供することができる。そこはパン[*33]とぶどう酒を分かちあえるだけでなく、人生について共に語りあうこともできる場所である。

## 深い思いやりを持って

自分はなにも持たぬことを知っている人の心には深い思いやりが育つ。なぜならそういう人は老いる苦痛を理解し、いっしょに背負っていこうとするからである。このような深い思いやりもまた、世話する人にとって欠かすことのできないものである。深い思いやりを持つと、未知の老人を恐れる気もちが消えて、客として心の奥底にまで迎えいれることができるようになる。わたしたちは若者対老人という不自然な区分をつくりがちで、しかもそれは相手を遠ざけておきたいからであることが多い。しかしそれを取りはらってしまうと、年をとるという、すべての人が担っている重荷を、わたしたちは共に背負っていけるようになる。そして、世話する人とされる人は強者対弱者として接しなくともよくなり、どちらも一人の人間として成長していける。

深い思いやりを持つと、わたしたちは悲惨のなかに美を、苦痛のなかに希望を見るようになる。鉄条網のなかに花を、凍てついた野に凍りついていない地点を発見することができるようになる。また、髪の毛が少なくなった、歯も欠けていくと気づいても、握力は弱まり、しわがふえたと感じても、記憶力も衰え、度忘れが多いと思っても、そういうことを人生の不条理のあらわれとは考えなくなり、代わって、「一粒の麦は、地に落ちて死ななければ、一粒のままである。だが、死ねば、多くの実を結ぶ」（新約聖書ヨハネによる福音書一二・二四）ということばを思い浮かべるようになる。憐れみは互いを隔てるものだが、深い思いやりによってその垣が取りのぞかれ、わたしたちは自らも人間の弱みをさらして老いた兄弟姉妹に近寄り、癒やしていけるようになる。たしかに、わたしたちが深い思いやりをよせても、老いにともなう苦痛や苦悩をなくすことはできない。しかし、弱さが強さに変わるような場をつくって、相手を迎えいれることができるようになる。深い思いやりは癒やす。なぜなら相手を深く思いやるとき、わたしたちはいっしょに辛抱強く苦しみに耐えていくようになるが、それは、共に聖められつつ、生の成就を待つことなのだから。

深い思いやりとは、それゆえ、年齢も生き方もまったくちがう人々と親しみあい、支えあうような、真に人間らしい心のあり方である。トーマス・マートン[*34]は深い思いやりを、わたしたちが浄化される荒れ野[*35]として描いている。そこでは、見せかけの違いなど剝ぎとられ、わたしたちは同じ神の子としてあたたかく抱きあうようになる。マートンはこういっている。

[注27]この深い思いやりの荒れ野ほど恐ろしく、美しく、厳しく、かつ、多くの実りをもたらす荒れ野はない。それは百合[*36]のように、ほんとうの生命力を秘めている荒れ地なのである。

このような深い思いやりを持つ人は、いくつもの生を生きることになる。若い人々のさまざまな生、老いた人々のさまざまな生を。「いくつもの異なる言語を話す人は、その数だけさまざまな生を生きる」といった人がいるが、たしかにそのとおりである。自分の荒れ地のなかに他者《ひと》を受けいれて、その人の言語を学ぶとき、わたしたちは必ず共に生きることになり、また、おたがいの人間性を深めあっていく。しかし、老いた人々の言語がどんなに豊かなものであるか、はたしてわたしたちはほんとうによくわかっているだろうか。

自分はなにも持たぬものだと知ること、また、深い思いやりを持つこと、この二つは世話していく人にとってほんとうに大切である。もし、縁あって、絶望と困惑のさなかにわたしたちに出会う人々を癒やせるような者になりたいと願うならば、わたしたちは絶えず自画像を描きつづけていかねばならないが、それはこの二つを欠いたものであってはならない。

それでは、つぎに、人はどのようにして癒やされてゆくのか、考えていこう。

## 他者《ひと》に向かう道としての世話

わたしたちは、他者《ひと》の世話をしていくことによって、あらためて自分を理解するようになることがある。しかし、自分を理解することそれ自体はけっして目標にはならない。わたしたちは他者《ひと》のために存在しているのだから。すなわち、わたしたちは、老いゆく自分を差し出して老いゆく他者《ひと》のために働くように、と呼ばれているのである。高齢の人の世話をするとき、とくに大切なのは、老いゆく自分を他者《ひと》を癒やすための手だての中心にしてゆくことである。

老いゆく人々の世話は、しかし、そのほかの世話と本質的に異なっているわけではない。それを特殊なものと考えるや否や、わたしたちは社会にあまねく広まっている、差別という罠に落ちてしまう。それこそ世話をすることで取りのぞこうとしていることなのに。社会が若者、中年、老年に区分されるのを認め、それぞれがなにか特別な働きかけを必要としているかのように思いこんでしまうと、わたしたちは世話していると思いながら、ほんとうの意味の世話はしていないことになる。なぜなら人間の発達、成長は、まず異なる世代が創造的に影響しあうことからはじまるからである。祖父母、父母、子ども、孫——みんながそろっていれば、わたしたちはこの世にいるあらゆる瞬間に人生の軌跡の全容を目前に見たり、生々しく感じたりしていける。またそれぞれ互いに、癒やされていく期待と癒やされた記憶をまわりに与えあう。わたしたちは父や祖父を見て、自分もああなるのだと予想し、また、息子や孫を見て、昔の自分を思い出す。このように予想と思い出によってお互いがふれあうので、わたしたちは世にあるあいだ、そのどの瞬間にも人生全体を生きていける。いつも互いのためにそこにいること、それこそすべての世話の心髄である。世話することは他者《ひと》に向かっていくことであり、そのなかで、人を癒やす力を持つ、親しい関係ができていくのである。

しかし悲しいことに、異なった世代同士が創造的に交流しあうのは、じつにむずかしくなってしまった。近年設立される大学には、砂漠や、あたり一帯とうもろこし畑というような、人里離れた場所を敷地とするものが多いが、世代間の接触のないことが教育におよぼす良くない影響を思うと胸が痛む。これらの新しい「学問の殿堂」に、何千人もの学生がつめこまれる。こんなに大勢いては教師とまともに話をすることもままならない。多くの学生は四年の大学教育期間中のほとんどを、仲間とだけつきあって過ごす。子どもと遊ぶことも、十代の若者といっしょに働くことも、大人と話すことも、老人と人間らしいつきあいをすることもなく……。学ぶためということで隔離されてしまい、人生を学ぶには程遠い状況におかれる。人格が形成される年頃に仲間が近くにいることはまことに好ましいが、自分がどこから来てどこに行くのか思い出させてくれる世間というものが身のまわりにない場合、類似のもの同士だけの閉鎖的な集団は流動性を失い、淀んでいく恐れがある。それはじつに不幸なことである。

それゆえ、老いた人を世話するためには、さまざまな世代がたがいに創造的、再生的に接触しあって生活していることが必要なのである。自らの老いゆく自己と親しんでいる人は、祖父と祖母、父と母、息子と娘、孫息子と孫娘がそろって、約束されている地上の果実を実らせるために働く場をつくっていくことができるのではなかろうか。

老いゆく人々の世話はけっして特殊なものではないことを強調してきたが、つぎに、他者《ひと》に向かう道としての世話にとって大切な二つの特色について考えていきたい。それはありのまま受けいれること、誤った考えに立ち向かうことである。

## ありのまま受けいれる

老いていくことが闇に向かう道となってしまった多くの人々のことを踏まえるなら、世話をするとはいったい何を意味するのだろうか。人から顧《かえり》みられることもない孤独な人々、来たるべき死だけが悲惨から逃れる道であるような人々に、なんといえばよいのだろうか。うれしい思い出や、楽しいできごと、しだいに輝きを増す光などがけっして話題にのぼらないときは、どのように耳を傾ければよいのだろうか。恐れていたことばかりが現実になって、望んでいたことはなにひとつ実現しなかった人々に、どのように対応すればよいのだろうか。

こういう問いに安直な正解はない。こうすれば、あるいはこういえばその場にふさわしい、というようなものがあるとは思えない。失望のくり返しだった人生が持つ深い神秘は、わたしたちには理解しがたい。しかし、疲れと絶望だけが現れている老人の目をのぞきこむとき、イザヤの見たものをたぶんわたしたちも見ているのではなかろうか。

彼[37]には見るべき麗しさも輝きもなく
望ましい容姿もない。
彼は軽蔑され、人々に見捨てられ
痛みの人で、病を知っていた。
人々から顔を背けられるほど軽蔑され
私たちも彼を尊ばなかった。
彼が担ったのは私たちの病
彼が負ったのは私たちの痛みであった。

（旧約聖書　イザヤ書五三・二―四）

年老いた、みじめな男の目のなかに映っているのは、じつにわたしたちの世界なのだ。彼が担ったのはわたしたちの病、彼が負ったのはわたしたちの痛みなのである。

つらい苦しみを負っていて、そのせいで老いゆくことが闇へ向かうことになってしまっている老人は少なくないが、本人の過ちや弱さや罪を指摘しても、その苦しみを理解することにはならない。そんな指摘をするのは、多くの老人のつらい巡りあわせが、ある悪を反映しているのを認めたくないからではないか。愛することより偉くなること、寛容であるより競争に勝つことの方が高く評価されている社会の悪を。この人たちは自分のためだけでなく、わたしたちのために苦しんでいるのである。わたしたちはみな、意識している、いないは別として、この人々の現状に責任がある。

冷酷な社会から見捨てられた人々はけっして少なくない。わたしたちはその人々になんといえばよいのだろうか。「あなたがたのみじめさは、世話する立場のわたしたちの欲深い顔を映している警告の鏡です」というしかないのだろうか。しかし苦しむ人々から見れば、社会から拒絶されることで、真に受けいれられること、わたしたちからは得ることのできなかったそれがどのようなものなのか、かえってわかるようになることがある。人生は、なにをしたか、持っていたか、達成したかで決まるのではない、また、友人、親戚で決まるのでもなく、自己理解の深さで決まるものでさえない、とわかるとき、わたしたちより大きな心を持つ方、ヤーウェ[*38]の傷ついた僕《しもべ》であられた御子イエスを通して、「わたしはあなたを受けいれている」といってくださる方への道が見いだせるのではなかろうか。

人間から拒絶されていることを率直に、苦しみながら認めるとき、神からは受けいれられていることがはっきりわかる。世話する人が、あまり慰めにはならない過去の出来事をとりあげて、それにすがらせようとするのは意味がない。「そうですね、今はおつらいでしょうね。でもお子さんたちは幸せに暮らしているではありませんか。人を助けたこともおありだし、いろいろなことをなさったではありませんか」などといってもなんにもならない。そんなことをしても罪悪感を強めるばかりである。そのうえ、それは失敗の経験という大切な事実を消そうとすることである。失敗だった人生を赤裸々に語っても耳をかたむけ、目をそらさないで見てくれる人がいてくれたら。さらにその人が逃げようとせず、声に出してか、そっと触れるか、にっこりするか、またはやさしく黙ったままで、「わかります。ほんとうに人生はただ一度だけ――。やりなおしがきかないんですものね。でもわたしはここに、おそばにいて、お世話していきますよ」といってくれたら――。しかし、じつはこんな単純なことだけが苦しんでいる人に希望をもたらすのだ。おそらく、みじめな他人を自分のふところに受けいれて、世話をしてくれる人のやさしさを通して、闇のただなかにあっても、神が受けいれてくださっていることが感じられるからであろう。

## 誤った考えに立ち向かう

老人をありのまま受けいれることは、多くの場合じつに大切なことであるが、それを、人生の現実をただ黙ってあるがままに容認すること、と解してしまってはならない。それどころか、世話とは、人々が自分の運命を受けいれるのを助けることだけに止《とど》まらない。ほんとうによく世話していこうとするなら、人々が抱いている誤った考えに正面から立ち向かわねばならない。老いゆく人々を世話することとは、よく考えると、あらゆる年齢の人々の世話をすることである。なぜなら一〇代であろうと三〇代であろうと、あるいは五〇代、七〇代、八〇代、何歳であろうと、人はみなそろって年をとっていくのであるから。それゆえ老いゆく人々を世話することは、自分には死が訪れないかのように思いこんでいて、老いを受けいれようとしない人々に対峙することにほかならない。

人々を――若かろうと、中年であろうと、老年であろうと――、誤った期待にしがみついたり、誤った仮定の上に人生を設計したりすることから守るのは、じっさい、世話をする一人一人の務めである。それまでどのように生きてきたかで老後が決まる、というのが真実ならば、人々が早く生き方を発見できるように助けることこそ、わたしたちが第一に取りくむべき仕事である。なにを所有しているかでその人自身が左右されるものではない、成功不成功は自己評価の目安とはならない、高潔であることと人に好かれることとは別である、というようなことを理解して生きていけるように。老いゆく人を世話することは、成績、学位、地位、昇進、報酬といったものに決定的な意味を持たせるような考え方とつねに対決しつづけることなのである。また、老いゆく人を世話することは、人々が内なる自己と触れあいつつ生きていけるように、勇気をもって努めていくことなのである。なぜなら内なる自己では、孤独も沈黙も光を受けいれられる器《うつわ》として経験し得るのだから。若いときに、愛、平安、赦し、やさしさ、親切、そして深い喜び、という光を発見もせず、経験もしていないのに、老年になってからその光がわかるであろうか。ベン・シラも「若い時に、知恵を蓄えておかなかったなら　年老いてから、どのようにして　それを見つけようというのか」（シラ書二五・三）といっている。金銭や物品だけではない。平安や清らかな心も同様なのである。

人々の錯覚を砕くと、空間が生じる。そこに永遠の光がさしこみ、闇がやぶられる。

錯覚を砕くことは、人間が大切《ケア》にされるようにと、はげしく迫ることである。なぜならそれは、この世的な価値観を捨てよ、と冒険をうながし、また臆せず愛を前面にうちだして、社会のあり方を変えよう、と呼びかけるものだからである。しかしそれは、一般に広まっている考えが誤りであることをあきらかにするだけではない。[*39]わたしたちを癒やす光を、「神の子となる力」をわたしたちに与える光を、目に見えるようにしてくれる。

ありのまま受けいれること、誤った考えに立ち向かうこと、どちらも、老いゆく人を癒やそうと願って世話していくことに結びついている。レンブラントは打ち砕かれた自分を見つめただけではない。それぞれの不老不死幻想を心に抱いてこの自画像を見る人々に、真っ向から対峙したのだ。見る人の深奥なる自己に、その人を癒やす光が到達するように、と。

## 結び

世話することについての論議を、レンブラントの赤裸々な自画像を見て癒やしを経験したオスカー・ココシュカの話で始めたので、もう一人の画家の話をもって結びとしたい。ブルックリン[*40]の出であるユダヤ系の少年、アシャー・レヴは小鳥の死を見たとき、父親の言葉によって、事実をあるがままに受けいれること、また、それに正面から立ち向かうことを学び、それを忘れることがなかった。

ハイム・ポトク[*41]の著になる『わたしはアシャー・レヴ』のなかで、この若い画家は自分をこう語っている。

家[注28]のそばの歩道に横たわっている小鳥を見ている父のようすを……わたしは描いた。

「死んでる、パパ？」そのときわたしは六歳で、自分ではとてもそれを見る気になれなかった。

「うん」。父の声は悲しそうで、遠くから伝わってくるかのようだった。

「なぜ死んだの？」

「生きているものはみんな死ななければならないのだよ」

「みんな？」

「そうだ」

「パパも？　ママも？」

「そうだ」

「ぼくも？」

「そうだ」。そして、父はイーディシュ語[*42]でつけくわえた。「だが、願わくは、おまえは長い、うつくしい一生の後に死を迎えることになるように、アシャー」。

わたしにはその意味がわからなかった。見たくなかったけれども、小鳥を見た。生きているものはみんないつか、この小鳥のように動かなくなってしまうのだろうか。

「どうして？」

「全世界の主《リボノ・シエル・オロム》はそのように世界をお造りになったのだ、アシャー」

「なぜ？」

「生命を貴いものとするためにだよ、アシャー。いつまでも自分のものにしておけるようなものは、けっして貴くないのだ」


年老いたものが若いものの世話をすることと、若いものが年老いたものを世話することとのあいだには、ちがいはない。真の世話は、わたしたちが恐れの壁で互いを隔てるのをやめて、どちらも同じ土台の上にいることを発見したときに可能になる。その土台とは、われわれは死すべきもの、ゆえにこのうえなく貴いものという、人間に与えられた現実である。

# エピローグ　車輪

# 車輪

これは年齢《とし》をかさねることについて、老いる、というすべての人に共通な宿命について考えていくための本である。取りあげていない事柄も多い。年老いてからの住まいや健康の問題、また意義深い活動やコミュニケーションなどの必要性について、わたしたちは具体的には触れていない。老いに対する人間の基本的な態度について考えるだけに止めたのは、心の奥深く人が持つ判断基準を養い育てたいと願ったからである。それは、老人に対してわたしたちが取ってしまいがちな、老人への偏見を強めることにしかならない態度と、老人をありのままに受けいれ、老人もわたしたちも解放することになる態度とを見分けるための判断基準である。

この本で伝えようと試みたことはどれも、人は受けいれることなしに与えることはできない、というわたしたちの確信がもとになっている。飢えている群衆を助けたいと思ったイエスも、はじめに、そのなかの一人であった少年からパンを五つ受けとられ、そして、それをあまるほど豊かにふやされた。わたしたちは老人を師として受けいれることができてはじめて、その人々の求めに応えていけるようになる。世界を、強い者と弱い者、助ける者と助けられる者、与える者と受ける者、自立している者と依存している者、というように区分しているかぎり、ほんとうの世話はできない。なぜならそういう意識が心の底にあるときは、世話をしているつもりでも、じつは、老人の苦しみの第一の原因である、その隔ての線をますます幅ひろくしているのだから。

西洋から東洋への最大の贈りものは、東が西を変えるのを西洋が受けいれたことであった。それと同様に、老人へのなによりの贈りものは、わたしたちが自らの老いの過程と創造的に接していけるように導いてもらう機会を、この人々に提供することである。わたしたちは、障害のある人々から自分にも限界があることを気づかせてもらう。目の見えない人々からは自分が彼方を見ていないことを、心配にうちひしがれている人々からは自分も恐れをいだいていることを、貧しい人々からは自分もなにも持たないものであることを気づかせてもらう。そのように、年老いた人々からわたしたちは、自分も年をとりつつあることを気づかせてもらうのである。それだからこそ、わたしたちは、人間のあらゆる苦悩、あらゆる成長と内的に連帯して、人生をほんとうに深く経験していけるのである。この内的な連帯が基礎にあってはじめて、人間の共同体はほんとうの世話がおこなわれ、人が真に癒やされるところとなる。それゆえ、わたしたちは闇に入った。光に到達するために。そして老いゆく自己について語った。老いゆく他者《ひと》にいっそうゆきとどいた世話をしていけるように。

年をとることは人間が必ず通っていく大切な過程の一つであり、これを否定することは大きな過ちでしかない。自分が老いていくことを発見、あるいは再認識した人はみな、なにより幸いなことに、自分の、そして同行の仲間であるすべての人の生を豊かにすることができる。

白樺の木にたてかけられている白い雪のなかの車輪は、生の歩みの完結についてわたしたちに語ってくれた。しかし、いくつものスポークを持つ自分の生が、与えられた一回を回り終えるときを、わたしたちのうちだれが知っているだろうか。自分がじゅうぶんな年月を生きたとされて、かたわらを通り過ぎる人々に教えを与える静かな休みに入るときを、だれが知っているだろうか。自分の生の成就のときは自分で決めるものではない、というのはまことに人生の神秘である。自分の回転がいつ完結するのか、わたしたちはけっして知ることがない。ある人々にとってはそれは人気絶頂のときであり、ほかの人々にとってはまったく忘れ去られたときである。ある人々にとっては強さの絶頂に達したときであり、別の人々にとっては力衰えて弱ったときである。ある人々にとっては自分の創造性が満開のときであり、またある人々にとっては自分の可能性にすっかり自信を失ったときである。車輪は回転する。が、それが止まるときを、わたしたちはけっして知ることができない。

　しかしわたしたちは知っている。人[*43]の子にとってはすべてを失ったときに車輪が止まったことを。話したり、癒やしたりする力もなくなり、自分の成功や影響力も感じられず、弟子も友も——神さえも失ったときに。木[*44]に釘付けされ、人間の尊厳のいっさいを奪われたとき、イエスは自分がじゅうぶんな年月を生きたことを知った。そして「成し遂げられた」（ヨハネによる福音書一九・三〇）といわれた。しかし死んだイエスの体は、老いゆく生の重みにじっと耐えている多くの人々にとって、希望と新生のしるしとなった。そして、かたわらを通り過ぎながら、その人々は「まことに、この人は神[*43]の子だった」という（マルコによる福音書一五・三九）。人の子は神の子の完全さに達した。

この方はわたしたちの暗闇[*45]に来た光であった。そして、車輪の回転とはもとの地面にもどることではなく、わたしたちのための救いの歴史のなかで一歩前進することであるのを、あきらかにしてくださった。一人一人はただ一回の生を生きるだけである。しかしまた、わたしたちが年齢《とし》をかさねていくことは、御子の約束[*46]の成就ともなる。この方は、ご自身も年齢《とし》をかさねて死ぬことにより、この世に新しい生命をもたらしてくださったのである。

# 注

注1 聖書の引用はすべて下記の聖書より。*The Jerusalem Bible*, Alexander Jones, General Editor (Garden City, New York: Doubleday & Company, Inc., 1966).〔本訳書は『聖書　聖書協会共同訳』（日本聖書協会）に準拠〕

注2 Simone de Beauvoir, *The Coming of Age* (New York: C. P. Putnam's Sons, 1972), p. 77.〔シモーヌ・ド・ボーヴォワール『老い』朝吹三吉訳、人文書院、一九七二年〕

注3 Ibid., p. 539.〔同『老い』〕

注4 Sharon R. Curtin, *Nobody Ever Died of Old Age* (Boston and Toronto: Little, Brown and Company, 1972), p. 56.

注5 Cf. Ralph Nader's Study Group Report on Nursing Homes, *Old Age: The Last Segregation*, by Claire Townsend, Project Director (New York: Bantam Books, 1971).

注6 Florida Scott-Maxwell, *The Measure of My Days* (New York: Alfred A. Knopf, 1968), p. 138.

注7 Curtin, op. cit., pp. 195-96.

注8 Scott-Maxwell, op. cit., p. 137.

注9 Cf. P. Townsend, "Isolation, Desolation and Loneliness," in Ethel Shanas, et al., *Old People in Three Industrial Societies* (New York: Atherton Press, 1965), pp. 255-307; also Peter Naus, "The Impact of Social Factors on Behavior and Well-Being of Elderly People" (Unpublished Study), p. 6.

注10 Cf. Robert N. Butler, "Age: The Life Review," in *Psychology Today*, December 1971, pp. 49-51, 89.

注11 Cf. David Schonfeld, Family Life Education Study, "The Later Adult Years," in *The Gerontologist*, Vol. 10, No. 2, Summer 1970, p. 117.

注12 Cf. Dr. Alexander Leaf and John Launois, "Every Day Is a Gift When You Are Over 100," in *National Geographic*, Vol. 143, No. 1, January 1973, pp. 93-118.

注13 Bernice Neugarten, "Grow Old Along With Me! The Best Is Yet To Be," in *Psychology*

*Today*, December 1971, pp. 45-48, 79-81.

注14 Neugarten, op. cit., p. 46.

注15 Neugarten, op. cit., p. 46.

注16 Neugarten, op. cit., p. 48.

注17 Laura Huxley, *This Timeless Moment* (New York: Farrar, Straus & Giroux, 1968), p. 28.

注18 Scott-Maxwell, op. cit., p. 13.

注19 Robert Kastenbaum, "Theories of Human Aging: The Search for a Conceptual Framework," in *The Journal of Social Issues*, October 1965, XXI, No. 4, p. 33.

注20 C. G. Jung, *Modern Man in Search of a Soul*, quoted in Paul Tournier's *Learn to Grow Old* (New York: Harper & Row, Publishers, 1972), p. 12.〔ポール・トゥルニエ『老いの意味――美わしい老年のために』山村嘉己訳、ヨルダン社、一九七五年に引用されたユングの言葉〕

注21 Paul Tournier, op. cit., p. 35.〔同『老いの意味』〕

注22 Scott-Maxwell, op. cit., p. 142.

注23　Huxley, op. cit., p. 25.

注24　Han Fortmann, *Discovery of the East: Reflections on a New Culture* (Notre Dame, Indiana: Fides Publishers, Inc., 1971), pp. 98-99.

注25　Horst Gerson, *Rembrandt Paintings* (New York: Reynal and Company, 1968), p. 478.

注26　Gerson, op. cit., p. 460.

注27　Thomas Merton, *The Sign of Jonas* (Garden City, New York: Doubleday & Company, Inc., 1953), p. 323.〔トーマス・マートン『ヨナのしるし』五百旗頭明子・伊東和子訳、女子パウロ会、二〇〇一年〕

注28　Chaim Potok, *My Name Is Asher Lev* (New York: Alfred A. Knopf, 1972), p. 156.

# 訳注

＊1　**塵から出でて塵に返る**　旧約聖書創世記二・七「神である主は、土の塵で人を形づくり、その鼻に命の息を吹き込まれた。人はこうして生きる者となった」。旧約聖書コヘレトの言葉三・二〇「すべては塵から成り　すべては塵に帰る」。キリスト教の埋葬式では「塵を塵に返し」という句が使われる。

＊2　**パウロ**　紀元前後に生まれ、六〇年ごろに死去。ユダヤ人社会の外へのキリスト教伝道に努めた使徒。新約聖書には、パウロの名が冠せられた手紙が一三篇収められている。

＊3　**「老い」**　原題 *La Vieillesse.* 一九七〇年刊行。

＊4　**「壊れた器」**　ナウエンが引用している英語の聖書（*The Jerusalem Bible*）では「（不要物として）捨てられたもの」となっている。この版の聖書の公的な日本語訳はない。

＊5　**貧困線**　poverty level or line　最低限度の生活を維持するのに必要な所得水準。この基準以下の生活は肉体的、精神的に荒廃をもたらすとされる。

＊6　**シャロン・カーティン**　Sharon Rose Curtin（1939–　）　米国。二〇歳で看護師になり、後にカリフォルニア大学バークレー校卒。本文の注にある本のほか、雑誌等に寄稿。マドモワゼル賞、クリストファー賞受賞。

＊7　**フロリダ・スコット＝マクスウェル**　Florida Scott-Maxwell（1883–1979）　米国で生まれ、一九一〇年より夫の生地英国に住む。主婦生活のかたわら、短編小説、脚本を書き、婦人参政権運動に参加。五〇歳でユングのもとで精神分析を学んだ

後、英国で診療にあたる。

＊8 **クレーア・タウンゼンド** Claire Townsend 米国。ラルフ・ネーダー研究グループの企画責任者。ラルフ・ネーダー（Ralph Nader）は消費者運動の指導者、弁護士、著述家。

＊9 **引退者村** 一線を退いた高齢者とその世話をする人だけのコミュニティ。広い敷地に元気な人の住居群、医療や世話を必要とする人の棟、教会、ホール、売店、運動施設などがある。必ずしも都会から離れているわけではない。

＊10 **ベン・シラ** シラ書の著者。本書は紀元前二世紀初頭に書かれた。

＊11 **ロバート・N・バトラー** Robert Neil Butler（1927–2010）米国。精神分析医、老人学専門。国立老齢研究所初代所長。一九八二年以来ニューヨーク市マウント・サイナイ病院に勤務し、ここに全米ではじめて老人病部門を設立した。上院

老齢問題特別委員会委員。

＊12　ポランスキー　Roman Polanski（1933– ）　生地フランス。ユダヤ系のため居住地ポーランドで一家全員ナチの迫害にあう。俳優、映画監督。代表作「チャイナタウン」「テス」など。

＊13　「主よ、今こそ……イスラエルの栄光です。」　シメオンの賛歌と呼ばれる。

＊14　アレクサンダー・リーフ　Alexander Leaf（1920–2012）　横浜で生まれ、二歳で米国へ。マサチュセッツ総合病院内科医師。ハーヴァード大学等で予防医学等の教授。

＊15　ナショナル・ジオグラフィック　米国地理学協会（ナショナル・ジオグラフィック・ソサイエティ）発行の月刊誌。うつくしい色刷りの写真と上質の記事で、アメリカ以外の国にも愛読者が多い。

＊16　**バーニス・ニューガーテン**　Bernice Levin Neugarten（1916–2001）　米国。社会心理学者。シカゴ大学等教授。人間のライフステージにあわせた行政などの研究の先駆者。政府系の老齢問題評議会等の委員、委員長を度々つとめた。

＊17　**教皇ヨハネ二三世**　（1881–1963　教皇在位 1958–1963）　キリスト教各派の一致への足がかりをつくり、世界の政治、社会、平和に強い関心をしめし、積極的に発言しつづけた。また、第二ヴァチカン公会議を召集して、ローマ・カトリック教会の刷新につとめた。人柄のあたたかさ、素朴さとユーモアのセンスにより、立場を越えて世界中の人々から愛された。

＊18　**教皇ピオ一〇世**　（1835–1914　教皇在位 1903–1914）　先任者の、社会政策と政治的活動を重んじる路線から転じて、教会は宗教性、霊性を深める必要があることを強調した。教会刷新につくした偉大な教皇の一人に数えられ、その聖徳はひろく慕われた。一九五四年に聖人に列せられた。

＊19　**聖職叙階**　ローマ・カトリックで、聖職位を授与されること。ここでは司祭となったことを示す。

＊20　**塗油**　司祭が、聖別したオリーブ油などの植物油を、病人や老齢で衰弱している者の手や額に塗り、癒やしと救いを祈る。

＊21　**オルダス・ハックスリ**　Aldous Leonard Huxley（1894–1963）英国。小説家、批評家。主著に *Point Counter Point*（邦訳『恋愛対位法』）や *Brave New World*（『すばらしい新世界』）など。
**ジュリアン・ハックスリ**　Sir Julian Sorell Huxley（1887–1975）英国。生物学者、著述家。
ちなみに二人の祖父トーマス・ヘンリ・ハックスリ Thomas Henry Huxley（1825–1895）も生物学者で、ダーウィンを支持し、進化論の普及につとめた。また二人の異母弟であるアンドリュー・フィールディング・ハックスリ Andrew

Fielding Huxley（1917–2012）もノーベル賞受賞生理学者。

＊22 **ロバート・カステンバウム** Robert Kastenbaum（1932–2013） 米国生まれ。老人問題専門家、心理学者。

＊23 **ユング** Carl Gustav Jung（1875–1961） スイス。精神科医。人間の精神の深層、文化、宗教他広範にわたる研究の影響ははかりしれない。

＊24 **回勅** ローマ教皇がカトリック教会全体に宛てて発する書簡。信徒でない人々にもその時代について深く考えさせる指針となる。『地上の平和』（一九六三年）はとくに、カトリック教会の枠を越えて、「あらゆる善意の人」に初めて呼びかけたもの。教会史上もっとも重要な文書の一つに数えられる。

＊25 **ヴェニス・ビーチ** カリフォルニア州サンタ・モニカ近くの有名な海岸。

＊26 **グールー**　ヒンズー教の宗教上の導師。米国西部には自称グールーとおぼしき人はそうめずらしくない。

＊27 **「世に来てすべての人に」**（参考）ヨハネによる福音書一・九「まことの光があった。その光は世に来て、すべての人を照らすのである」。

＊28 **サマーディ**　三昧。瞑想の対象に対する観照。有想三昧――心と対象との差異が保たれている段階――と、無想三昧――すべての差異が完全に消滅した状態――とがある。

＊29 **「これまでの長い経験の果実を楽しめる幸福な人」**　前出（四七頁）ハックスリの兄への手紙参照。

＊30 **万民のために整えられた光**　前出ルカによる福音書シメオンの賛歌（三八頁）参照。

＊31 **オスカー・ココシュカ** Oskar Kokoschka（1886–1980） オーストリアに生まれ、英国に移住。画家、詩人、舞台美術家、劇作家。徹底した平和主義者としても名高い。

＊32 **レンブラント** Rembrandt（1606–1669） オランダ。一七世紀最大の画家、版画家。「光と影の画家」と呼ばれる。九〇点以上にのぼる自画像は、自己の内面を見つづけた近代性を語るといわれる。

＊33 **パンとぶどう酒** （参考）「食事を共にする」という親しさの象徴としてだけこの表現が用いられているのではなく、キリスト教では、イエスと弟子との最後の晩餐や、教会で行われる聖餐を想起させる。パンとぶどう酒は、魂の養いと永遠の命、罪の赦しをも表す。たとえば、マタイによる福音書二六・二六―二八、ヨハネによる福音書六・四八―五八。

＊34　**トーマス・マートン**　Thomas Merton（1915–1968）　米国。トラピスト会修道士。宗教と社会の関わりを論評し、仏教にも深い関心を持った。多数の著書、論文がある。

＊35　**荒れ野**　（参考）旧約聖書出エジプト記一六章、マタイによる福音書四・一－一一等。

＊36　**百合**　清らかさと強さの象徴。

＊37　**「彼には見るべき麗しさも輝きもなく……」**　イザヤ書五三・二－四。「苦難の僕《しもべ》の歌」と呼ばれるこの箇所には、救い主イエスが預言的に描かれている。

＊38　**ヤーウェ**　またはヤハウェ。ヘブライ語。旧約聖書中にある神の呼び方。**ヤーウェの傷ついた僕**　（参考）イザヤ書五二・一三－五三・一二。

＊39　**わたしたちを癒やす光、「神の子となる力」をわたしたちに与える光**　（参考）ヨハネによる福音書一・九―一二。

＊40　**ブルックリン**　ニューヨーク市の一区。

＊41　**ハイム・ポトク**　Chaim Potok（1929–2002）　米国。ユダヤ系、ラビ（ユダヤ教の宗教的指導者）、作家、編集者。**『わたしはアシャー・レヴ』** *My Name Is Asher Lev*, 1972. 続編 *The Gift of Asher Lev*, 1990. このほかにも著書、記事が多い。

＊42　**イーディシュ語**　古いドイツ語に諸方言とヘブライ語、スラブ語が混和したもの。主としてドイツからロシアにかけて住むユダヤ人や、その系統の移民が使う。

＊43　**人の子、神の子**　（参考）神が人となって世に来られたイエスは、その神性に視点がおかれるとき「神の子」「御子」と呼ばれるが、イエスは自分を「人の子」

と呼んでいる。

＊44　**木に釘付けされ**　イエスは三三歳ごろ、十字架に釘付けにされて死んだ。

＊45　**暗闇に来た光**　（参考）ヨハネによる福音書一・四、五、九。

＊46　**約束**　（参考）ヨハネによる福音書三・一五―一六、四・三四―三六、一二・二四等。

＊原書は一九七四年に出版されていますが、現存の人および訳者あとがきでふれたナウエンの履歴は現在（一九九一年一〇月）手に入る最新の情報までふくまれています。〔二〇二三年の新版刊行に際して、情報を更新し一部加筆した〕

# 訳者あとがき

「老い」に関する書物は昨今つぎつぎ出版されていますが、お読みになっておわかりのように、この本は学術的に老いを述べたものでもなければ、個人的感慨でもなく、また実用ということに焦点を合わせて書かれたものでもありません。

老後を暗くする原因を捉える鋭さからは、著者たちが闇の怖さをほんとうに知っていることが伝わってきます。また、光へ向かう姿を描くときの確かさからは、この二人が光を幻想や比喩としてではなく、現実に知っていることが感じられます。問題の制度的、あるいは技術的な解決策は示されず、「気の持ちようですよ」というような安易な答えもけっして出てきません。しかし、深層から生じる問題は深層に働きかけるものによってしか解決されないこと、その深さゆえにそれが真実の解決であることが理解できると、わたくしたちはかえって落ちつきます。

世話することがまず「自己に向かう道」として示されているのは、だれかの世話をしている、あるいはしたことのある人にとって、深くうなずけることでしょう。世話を重荷と考えている人が、「エネルギーも意志も時間も自分のものではない。相手を思いやって世話していくことは、共に聖められつつ、生を成就していくことである」と悟り、この世にあたえられているふしぎな贈り物をよろこんで受けるようになるならば、著者たちにとってどんなにかうれしいことでしょう。「他者《ひと》に向かう道としての世話」の「ありのまま受けいれること」を、自分が受けいれてもらう側であると考えて読むと、固い、冷たいものがほっとゆるむような気がします。老いて、あるいは体が不自由で、というような場合にかぎらず、たとえば罪を犯して服役している自分のもとに、人間とそれを生かしている存在をよく理解している人がたずねてきて、あるいは声に出して、あるいは黙ったままで「わかります。ほんとうに人生は一度だけ、やりなおしがききませんね。でも、わたしはあなたのそばにいます」といってくれたら――。

著者たちが、老いた人々が穏やかに暮らせるように、ということばかりでなく、すべての人がただ一回の生をほんとうによく生きられるように、と心から願ってこの本を著したことが、どの頁からも強く伝わってきます。「わたしたち」ということばが、あるときは「老人対わたしたち」という意味で使われ、あるときは「わたしたちはみんな」という意味で使われていますが、意識的になされたのか否か、この視点の移動の自在さは、著者たちの「わたしたちはだれもみな年をとっていくものである、内的に連帯しているものである」という考えを自然に表しています。ナウエンもガフニーも、社会制度を整えても解決できないものがあること、また、情緒や意志の力にだけ頼るのは危ないことをよく知っています。そして真の解決は神秘な力に謙虚に頼ることによってしかもたらされない、と考えていることは、その力の働きかける場を指す、「自己」、「内なる」または「内的」、「深奥」などということばがしばしば使われていることに端的に表れています。二人のこの思いはすべての叙述の底にしずかに流れていて、それがこの本のなによりの特色でしょう。

主著者のヘンリ・ナウエンは一九三二年にオランダで生まれ、一九五七年にローマ・カトリックの司祭として叙階されてから、ナイメーヘンのカトリック大学で心理学を学び、一九六四年に学士として卒業、その後、アメリカ合衆国に渡り、カンザス州トピカにあるメニンガー研究所の特別研究員となりました。この研究所は精神の病の診断、治療と研究をおこなうため、および医療やカウンセリング関係の専門家、教育者を養成するために、メニンガー家がつぎつぎ新部門を設立していった一連の施設の一つです。イェール、ユニオン、プリンストンなど代表的な神学校で牧会心理学、牧会カウンセリングの大切さを強く説いていたヒルトナーが、この研究所の神学顧問でしたが、ナウエンはその影響を強く受けながら、よい牧会の実践に大切な「宗教と精神医学」を学びました。(牧会とは司祭、あるいは牧師が人々のなかに入ってキリストの教えを説きつつ、人に仕えていくことをさします。) 魂の書である聖書に幼いころから親しんでいたナウエンが、ここの課程を修了するころまでに二〇世紀の心理学、精神分析学を深く学び、人の心の深奥をますます理解するようになったであろうことは、この本一冊からもじゅうぶん推測できます。

その後インディアナ州のノートルダム大学で客員教授として臨床心理学、牧会心理学などを教えた後、オランダにもどり、アムステルダム牧会研究所、ユトレヒトのカトリック神学研究所で働き、一九七一年にナイメーヘン大学で神学の博士課程を終えました。ふたたび合衆国に渡り、イェール大神学校で、はじめ助教授、のちに教授として、「牧会について」、および「信仰と魂の聖化について」の二講座を受けもち、一〇年間教えました。牧会についての講義の内容を見ますと、高齢者への牧会、受刑者への牧会などのほか、「画家ゴッホの牧会」という興味を惹かれる項目がのっています。その間、修道院生活もしました。

一九八一年にイェールを離れ中南米に滞在したりしましたが、一九八三年から八五年にはハーヴァード大神学校で教えました。そしてフランスのラルシュ（L'Arche＝ノアの箱船）・コミュニティに九カ月滞在した後、現在はカナダ、トロント市にある、ラルシュ・デイブレイクの司祭をつとめています。ラルシュは、精神に障害を持つ人々と、その生活を助ける人々が、イエスが山上で教えられた「八つの真の幸福（マタイによる福音書五・三―一〇）」の精神を守りつつ共に暮らす場です。カナダ人ジャン・バニエ、フランス人トマ・フィリップによって一九六四年に始められ、現在世界のあちこちに約九〇のコミュニティがあり、そのなかに二〇〇以上のホームがあります。

司祭職にもいろいろあって、各地の教会で信徒のために働く、病院、刑務所などに入っている人々を精神的に支え、慰める、生地や外国で福音を伝えることに専念する、神学校で教える、それらをいくつか組みあわせて働くなど、その仕事はすこしずつ違います。ナウエンが学んだ牧会神学は、知識として持っていても意味がなく、それを人に伝え、また実践してこそ生きてくるものです。その経歴からも、この本や他の著書からも、ナウエンがことばだけの人ではなく、人々が真に生きるのを助けるために心と力をつくして働く人であることがうかがわれます。それも努めるのではなく、内なるものの発露として。ナウエンにとってはユングの説は知の対象ではなく現実、聖書は「読むべき本」ではなく「生命そのもの」なのです。

ナウエンはユングやトーマス・マートン等と同様、東方の霊性に目を向けていた人々の一人ですが、このことはフォートマンの引用（五九頁）や、西洋文明圏の功利主義的な面に触れている箇所などからも察せられます。

この本はかならずしもすっと理解できる本ではないように思われます。たとえば、「光」「思いやり」というような「感じのよい」ことばに引かれてその頁を開いても、読むといい気分になるような甘い文は見あたらず、いろいろ考えさせられるばかりです。引用文も一読しただけでは腑に落ちないこともあります。たとえば、トーマス・マートンのことば（八一頁）などには、首をかしげる方もいらっしゃるのではないでしょうか。しかしこの本には概念として描かれているものは一つもなく、すべて事実なのです。聖書がしばしば引用されたり、地の文に組みこまれたりしています。仏教から来たことばとちがい、キリスト教のことばは、日本ではまだ日常言語にあまり染みとおっていないため、それが気になる方もいらっしゃるかもしれません。聖書にあまりなじんでいらっしゃらない方のご理解の一助につけた註には、（参考）と記しておきました。ただし、それはあくまで全体への入り口にすぎません。

しかしこの本はやはり、「わたしたちすべてのための本」ではないでしょうか。「誤った考えに立ち向かう」という小見出しの後に、「それまでどのように生きてきたかで老後が決まる、というのが真実ならば」という文があります（九〇頁）。生まれた瞬間から年齢をかさねていくものであるわたくしたちのうちのだれが、闇に向かいたい、と思うでしょうか。四三頁以下に挙げられている人々のように、著者のおばあさまやハックスリ兄弟のように生き、老いていきたいと、だれしも願うのではないでしょうか。

また、わたくしたちの生き方は老いた姿に表れるだけでなく、あらゆることに反映されてしまうものです。ですから、わたくしたちがだれかの世話をするときも、その世話の質は自分の生き方で決められてしまうといえましょう。そしてわたくしたちは、老いることなしに生きることがありえないように、だれかの世話をすることなしに、またされることなしに生きていくことはありえないでしょう。世話とはいわゆる手助けを必要としている人に手をさしのべ、時間とエネルギーをさくことにかぎりません。わたくしたちは自分の愚かさで他人を傷つけたり自分を傷《いた》めたりし、乱暴な応対や空しく語られる美しい言葉にさびしさを感じたりしますが、一方、なにげない思いやり、おだやかな眼差し、やさしい微笑などによって、またある人の生き方そのものによって、心の荒《すさ》みを癒やされたり、苦しみや悲しみにしずかに立ち向かう勇気をとりもどしたりするものです。そう考えると、わたくしたちの行住坐臥が、傷つけること、癒やされること、あるいは世話をすること、されることなのではないでしょうか。それに、人は世話されているようにみえているとき、かえってその存在自体で世話をしているものです。さらにレンブラントの自画像に象徴されるように、じっさいに出会うことがない者同士も癒やし、癒やされる関係になるものです。それならば、この本はほんとうに、すべての人のための本、といえましょう。

一九七四年に初版が出たこの本のほかに、ナウエンには二〇冊ほどの著書がありますが、どれも根源からの解決をあたえる存在を透かせています。ちょうどマザー・テレサがご自分ではなく、ご自分の仕事を可能にしている存在を透かせているように。わたくしたちを塵だけでつくられたのではなく、ご自分の息も吹きこんでくださったその存在、わたくしたちの深層に働きかけてくださる存在を。

この本は学術書ではないので、翻訳にあたっては、できるだけ専門用語や、キリスト教内部でときに安易に使われてしまうこともある、決まったいいまわしを避けるようにつとめました。それでも、フロイト、エリクソンやユングなどに代表される二〇世紀の心理学、あるいは精神分析学にこれまであまり親しんでいらっしゃらなかった方には、いくつかの言葉、たとえば自己、経験などはすこし意味が伝わりにくいかもしれません。「自己」は人間が意識していない精神の深層、魂の深みとでもいえば多少わかりやすいでしょうか。「経験」はただ「あることに出会った」「なになにをしてみた」というような意味に使われることも一般には多いのですが、この本では「そのことによって自分が内面的に変化させられた、深まった、あるいは豊かになった」という意味で使われています。また、原著でライフ・サイクルということばで述べられているものを、ときに「人生の軌跡」、ときに「生の歩み」などといいかえました。アイデンティティー、アイデンティフィケーションなどの語も、そのまま片仮名で使うことはしませんでした。河合隼雄著『生と死の接点』（岩波書店）にはこれらのことばが平易な表現で正確に説明されています。

また「世話」「世話をする」などは、原著ではほとんどの場合、「ケア」「ケアリング」です。このことばは現在日本語でそのまま片仮名で使われることも多く、あるいは「介護」という語があてられることもあります。けれども著者たちがこの本で伝えようとしているものは、これらの日本語が現在指しているものをはるかに越えています。それに、単語としての英語のケア（care）には「気にかける、留意する、心をこめる、愛する、大切にする」など、聞くだけで心が和む意味がしみこんでいます。この本でもなんとも深い意味で、またやさしさとあたたかみをふくんで使われています。『静まりから生まれるもの』（あめんどう）という本のなかでナウエンは、「ケア（care）とはなによりもまず、共にいることである」と述べています。それに続いて、なにも具体的な解決に走らなかったのにわたくしたちを癒やしてくれる人々として、自分の生のさまざまな面を赤裸々に語ったキェルケゴール、サルトル、カミュ、ハマーショルド、そしてマートンを挙げています。しかし「ケア」という片仮名語でも、ときにじつに多くを語りますので、なにがなんでも避けたいというわけではありません。たとえば、日野原重明著『命をみつめて』（岩波書店、九四頁）には「配慮をもって人に接しますと」という、うつくしい言い回しがあり、はっとしますが、「いただいた感性によって人にケアを施す」（同書一五〇頁）というような使い方も出てきます。「希望」という耳なれたことばも、ナウエンたちに説かれると、その根源の深さと輝く広がりに圧倒される思いがします。著者のことばの使い方を、そしてあてはめるべき日本語を考えてきた日々は、人の生き方、文化のあり方がことばの意味や範囲を決めていることをつくづく思わされる日々でもありました。

固有名詞の片仮名表記はアメリカ合衆国を中心に活躍した、あるいは、している人についてはアメリカでふつうに発音されているように表記しました。

副著者のガフニーについては調べがつきませんでした。もしご存じの方がいらっしゃれば、お教えくださるとたいへんありがたいのですが。

最後に、翻訳にあたっていくつかの疑問にご親切にお答えいただきましたジョン・ギャラガー司祭、エレノア・ハナマンさん、塚田理先生、石原輝子さん、小山晃佑先生、石川みどりさん、安部真規子さん、鈴木育三氏、川本皓嗣氏、またわたくしをこの本と出会わせ、翻訳のきっかけをつくってくださった秋葉晴彦司祭と緑夫人、そのほかいろいろ助けてくださった方々に心からお礼申しあげます。また、直接間接にわたくしを育ててくださった方々、また、これまでに出会ったあらゆるもの、あらゆる人に、尽きぬ感謝をいだきながらこの仕事をさせていただきました。

原みち子

一九九一年一〇月

解説

# 「老い」のスピリチュアリティの探究

木原活信

本書は、ウォルター・ガフニー（Walter Gaffney, 1939–2020）との共著でヘンリ・ナウエン（Henri Nouwen, 1932–1996）が書いた異色の一冊である。「異色」と言うのは、ナウエンが共著で執筆している点、またこれまで取り上げてこなかった「老い」を本格的にテーマとして議論しているからである。ナウエンの思想に詳細に触れる前に、ここで少し共著者のウォルター・ガフニーについて触れておきたい。彼についてあまり詳細は伝えられていないが、「死亡記事」（"WALTER GAFFNEY OBITUARY"）の記録によると、実はナウエンのイェール大学の教え子であり、カトリック司祭からソーシャルワーカーに転じた人物である。そしてソーシャルワーカーとして特に福祉実践を通じて、社会正義と人権問題に公私の様々な立場から幅広くかかわってきた。本著のテーマである高齢者福祉についての実践もある。二〇二〇年に八十一歳の生涯を閉じているが、本書で彼の人権活動や高齢者支援の実践の知恵がナウエンの霊性に触媒されながら、結晶化されていると言える。

さて、ヘンリ・ナウエンが召天して四半世紀が過ぎた。今も、カトリック、プロテスタント、あるいはリベラル、福音派を問わず反響を呼び、特に人間の根源的な弱さ、渇き、痛みという彼が問い続けたスピリチュアリティの実践思想は生き続けている。多くの言語に翻訳された著作が、混迷した現代の「預言者」的なメッセージとして響いているようである。

ナウエンは、オランダ出身のカトリック司祭であるが、実践神学の理論的指導者として評価され、イェール大学、ハーヴァード大学の神学教授に迎えられ学界での名声を高めた。しかしながら一九八五年に突如、「より徹底的にイエスに従うよう招かれている場所はここではないと感じ」（ナウエン『明日への道――ラルシュへと向かう旅路の記録』

長沢道子・植松功訳、あめんどう、二〇〇一年〔原著一九八八年〕、14頁）、アカデミック界を去った。そしてナウエンは、カナダのトロントにある知的障害者のラルシュ共同体の福祉施設デイブレイクにその居場所を見出し、一九九六年に召されるまでそこで生活した。

私もカナダのトロント大学留学中にこのデイブレイクを訪問したが、ここにはナウエンの息吹と思想が色濃く浸透していることを実感した。

## 「老い」の意味を求めて

「老い」をテーマに扱っているとは言え、いわゆる高齢者福祉にかかわるハウツーものではない。そのことには皆目触れずに「老いの意味」、あるいは「老いることの意義」に関する神学的、思想的哲学的なケア論というのが特徴である。

今回の新版によっても、そのタイトルにも示されるように、特に「老い」や高齢者のケアの課題が、より一層意識された企画となっている。日本では、今後ますますこの高齢者福祉問題は深刻である。日本の人口は近年減少局面を迎えており、厚生労働省によれば、二〇六五年には総人口が九千万人を割り込み、高齢化率は三八パーセント台の水準になると推計されている。また、団塊世代が七十五歳以上となる二〇二五年には、七十五歳以上の人口が全人口の約一八パーセント、二〇四〇年には六十五歳以上の人口が全人口の約三五パーセントとなるという推計がなされている。少子高齢化の動きはこのまま継続し、今後の日本の最大の社会問題となると言わざるを得ない。各地の教会でも実は高齢化問題は、一層深刻であり、地方や過疎地域では教会が次世代に持続可能なのかについて危ぶむ声すらある。

そのようななかで、現代では、日本の書店の書棚や店頭でもこの高齢者関連の書物が立ち並んでいる。書店の書棚にある高齢者関連の本の多くは、いわゆる少子高齢化に関する社会問題としての内容、あるいは介護に関するハウツーものである。そこには、年金問題、高齢者の介護保険の利用方法、介護の実際の仕方が中心的なテーマとして議論されている。あるいは社会福祉学のテキスト類の高齢者福祉論においても、基本は高齢者への支援論というのがその視点である。つまり、支援される対象として「老人」「高齢者」をそこでは想定している。この点では、ナウエンが描いた「老いの意味」の探究という本書の趣旨とはまったく好対照である。なぜなら、ナウエンが本書で一貫して触れる論点は、支援される高齢者像ではなく、生きる意味と自己の存在の意義を求める能動的で主体的な高齢者像がテーマであり、それを阻害しようとする社会の側への批判が根底にある。

これまで同じように「老い」を題材にした著作と言えば、古典的名著と言われるボーヴォワール（Simone de Beauvoir, 1908–1986）の『老い』（*La Vieillesse*, 1970）や、キリスト教関連ではポール・トゥルニエ（Paul Tournier, 1898–1986）の『老いの意味』（*Apprendre a vieillir*, 1971）という代表的な著作があるが、老いの根源を辿ろうとする意味においてこのナウエンの著作はこれに並び称される名著であると言ってもいいのではないかと思う。少なくとも、現下の日本の超高齢社会にあって最も必要とされる著作の一つであると言って差し支えない。

## 差別としての「老い」

先だって、日本の若手のホープと称される米在住の研究者が、「高齢者の集団自決」をすすめるというような心無い発言があり、それが国際的にも波紋を呼んだ。むろん、若い世代を抑圧する現今の日本の社会情勢への怒りや批判が込められているという文脈があったとは言え、その暴力的な表現自体は許されるべきものではないのは言うまでもない。これとは別に、頻繁に使用される「老害」という言葉に示されるように、高齢者が若者層を抑圧して、その社会を生きづらくさせてしまうということを揶揄するような表現もある。これらは、目上の人を貴ぶ意識や高齢者を尊重する日本社会の表向きの言説を支える儒教的道徳、あるいは家族内では「親孝行」といった思考への反動であり、高齢者に不満を抱く若者の本音の部分が顕著に出ているような表現であろう。そのような意味で、高齢者たちに対して厳しい眼差しが向けられている。

本章でも紹介されている「最後の差別的扱い」（本書22頁）は、高齢者差別あるいはエイジズムと言われるものである。障害、人種、女性、セクシャリティなどの差別に対する意識は、それが解決したかどうかは別として、社会のなかでかなり浸透しているのに対して、高齢者への差別は、あまり話題にされず意識化されていないのではないか。ナウエンは、このような現代社会の高齢者差別を以下のように糾弾する。「スパルタでは老人は死ぬために山に去った。バリ島では村の人々によって犠牲《いけにえ》として捧げられた。今日《こんにち》も老人は社会から締め出されている。もっと洗練された手段で、しかし、その結果はあいかわらず悲劇的である」（本書35頁）。これらの根底には人間の存在（being）よりも人間の行為（doing）を優位におく現代社会の問題があり、本書で描くように、「闇の多くが、わたしたちの社会の構造的な病根と関係する」（本書37頁）と厳しく批判する。

一方で、高齢者自身がその社会的排除や差別意識を自ら取り込んでしまう悲劇的な現象についても警鐘をならし、それを以下のように述べている。「差別的扱いを受けることと親しいものに先立たれることは、どちらも老人の心に強く作用して、深刻な疎外感を引き起こすものである。しかしいろいろ考えあわせると、もっとも悲劇的なことは、自分で自分を受けいれられなくなってしまうことであろう」（本書31頁）。この「自分で自分を受けいれられなくなってしまう」という発想は、市民運動家の湯浅誠が「五重の排除」として掲げるところの第五の排除、すなわち「自分自身からの排除」と同じ発想であろう（湯浅誠『反貧困』岩波書店、二〇〇八年）。

## 支え合う「老い」——包摂する社会への希望

しかし、ナウエンは、単に高齢者差別への糾弾というような道徳的な啓発的議論に留めていない。本書の後半では、その先にある、若者と高齢者が共に壁を乗り越えて、相互に支え合うケア社会というヴィジョンに言及している。つまり、若者と高齢者を隔てる壁を取り除くことを提起し、信仰的な側面、霊性の課題としての「希望の光」というスピリチュアルな概念にその答えを見出そうとしている。「その光に照らされると、若い人も老いた人も、老年期という区分は『最後の差別的扱い』ではなく、わたしたちの心のなかにあった錯覚であると気がつく。わたしたちは若者対老人として隔てられているのではなく、みんな光の子として深いところで結びあわされているのだ、とわかる。そして、互いに抱擁しあう」（本書61頁）と述べる。つまりは、社会のなかに潜む差別をなくすには、若年対老人という対立構造を越えたところに希望を見出すべきであると強調している。

そこでナウエンが立つのは、老いも若きもすべての人は「老いゆく」者であるという事実である。そこから彼は「老人はたしかに実際的な助けもいろいろ必要とするが、もっと貴重なのは、自らの老いゆく自己を世話の源として差し出してくれる人々なのである」（本書75頁）としている。そして以下のように独自のケア論を述べる。「世界を、強い者と弱い者、助ける者と助けられる者、与える者と受ける者、自立している者と依存している者、というように区分しているかぎり、ほんとうの世話はできない。なぜならそういう意識が心の底にあるときは、世話をしているつもりでも、じつは、老人の苦しみの第一の原因である、その隔ての線をますます幅ひろくしているのだから」（本書

99頁)。

こうした、ケアは相互関係であるというナウエンの主張は、今、高齢者福祉論や支援論、ケアマネジメント論など、高齢者を福祉の対象として考えようとする日本の福祉問題に一石を投じるものであろう。障害者を支援の対象としてだけしか見ない障害者福祉論には障害当事者から批判があり、障害学という領域が展開されているように、高齢者自身がケアの対象であることよりは、むしろ自らがケアの主体者であるという発想が重要になっていくのであろう。

## 「老い」のスピリチュアリティ――「創造的弱さ」

「老い」を対象にした本書であるが、やはりこれまでのナウエンが描いてきた「弱さ」や「傷」という発想はここにも通底している。ナウエンのこれまでの思想は、本書を読む限り高齢者ケアにおいても意義があるということである。若者と高齢者双方を隔てる壁を壊すには、互いが「弱さ」を認めて支え合う思想が求められているというのが、ナウエンの最終的なゴールなのであろう。

ナウエンが示した「弱さ」は、「傷ついた癒やし人」に象徴される援助する側の弱さが出発点であった。援助する側の「弱さ」の告白にはじまる、「弱さ」を担う人間同士の水平な関係性である。彼は、「弱さ」や「傷」が「創造的弱さ」(creative weakness)という生き方(スピリチュアリティ)になるとき、しかもそれが個人の自我のレベルを超えて、共同体のなかで発露されるとき、そこに開かれた創造性が生まれ、癒やしのコミュニティ(共同体)が形成されると主張する。こうして従来、否定的なものとみなされ隠蔽されてきた「弱さ」と「傷」は、新しい意味と視座を与えられることになるというのである。

『傷ついた癒やし人』(*Wounded Healer: Ministry in Contemporary Society*)のなかで、ナウエンは以下のように「創造的弱さ」から生まれる希望について説明する。「共同体が癒やしの共同体となるのは、傷が癒やされ痛みが和らげられるからではなく、傷や痛みが新しいヴィジョンを切りひらく機会となるからだ。互いに告白することは互いに希望を深めることになり、分かちあわれた弱さは、すべての人にとって、来たるべき力を思い起こさせるものとなる」(ナウエン『傷ついた癒やし人　新版』渡辺順子訳、日本キリスト教団出版局、二〇二二年[原著一九七二年]、139頁)。

ナウエンの福祉思想の根幹は、この「創造的弱さ」そのものであると言っていい。そして、この「創造的弱さ」こそが、現代社会の「若さ」（「強さ」）に対抗するもう一つの軸となりうる可能性を有しており、本書のテーマである「老い」（「弱さ」）においても、それが一つの重要なカギになるというのが本書の主張であろう。本書はその意味において超高齢社会の日本において新たな指針を示す意義深い著作であると言える。

**原みち子**（はら・みちこ）
1941 ～ 2013 年。東京大学教養学部教養学科フランス科卒。ブラジル、メキシコ、オーストラリアに在住の経験をもつ。児童文学書、キリスト教関係書を中心に翻訳に従事。主な訳書に、『木を植えた人』（ジャン・ジオノ著・こぐま社）、『助産婦は神を畏れていたので』（小山晃佑著・同信社）、『おしゃべりのできる小イヌ』（ベティ・ブロック著・学習研究社）等。

解説
**木原活信**（きはら・かつのぶ）
同志社大学社会学部教授。博士（社会福祉学）。
主著『ジョージ・ミュラーとキリスト教社会福祉の源泉』（教文館、2023 年）、『「弱さ」の向こうにあるもの』（いのちのことば社、2015 年）、『社会福祉と人権』（ミネルヴァ書房、2014 年）、『対人援助の福祉エートス』（ミネルヴァ書房、2003 年）、『J. アダムズの社会福祉実践思想の研究』（川島書店、1998 年）。
東京都立大学助教授、トロント大学大学院客員研究員を経て現職。日本社会福祉学会前会長。日本キリスト教社会福祉学会会長。

ナウエン・セレクション

ヘンリ・ナウエン、ウォルター・ガフニー

老い　人生の完成へ

---

2023 年 7 月 25 日　初版発行
2024 年 10 月 15 日　再版発行
© 原祐次　2023
訳　者　原　みち子
解　説　木原活信
発　行　日本キリスト教団出版局

169-0051　東京都新宿区西早稲田 2 丁目 3 の 18
電話・営業 03（3204）0422、編集 03（3204）0424
https://bp-uccj.jp
印刷・製本　モリモト印刷

---

ISBN978-4-8184-1138-8　C0016　日キ販
Printed in Japan

## ナウエン・セレクション

### 今日のパン、明日の糧
**暮らしにいのちを吹きこむ 366 のことば**

嶋本 操 監修、河田正雄 訳、酒井陽介 解説

●四六判／ 424 頁／ 2400 円

傷つき、揺れ動き、迷い、神を求め続けたヘンリ・ナウエン。その歩みの到達点とも言える、366 の短い黙想。

### アダム　神の愛する子
宮本 憲 訳、塩谷直也 解説　●四六判／ 192 頁／ 2000 円

「居場所」を求め続けたナウエンの深く傷ついた心を変えたのは、ことばで意思を表現できない青年、アダムとの出会いだった。

### 死を友として生きる　『最大の贈り物』&『鏡の向こう』
廣戸直江ほか 訳、中村佐知 解説　●四六判／ 192 頁／ 2200 円

聖書の視点で死とケアを考える『最大の贈り物』と、自身の交通事故を踏まえて死の意味を思いめぐらす『鏡の向こう』の 2 作を収録。

### 傷ついた癒やし人　新版
渡辺順子 訳、酒井陽介 解説　●四六判／ 168 頁／ 1800 円

初期代表作である本書。牧会者自身の傷や弱さが、他者を癒やす源となるという本書の主張は、今なお新鮮な導きを与え続けている。

### 平和の種をまく　祈り、抵抗、共同体
渡辺順子 訳、徳田 信 解説　●四六判／ 192 頁／ 2200 円

「平和をつくる者とならずにキリスト者でいることなど、誰にもできない」とナウエンは断言する。「恐れの家」を出る道を示す。

（価格は本体価格です。重版の際に定価が変わることがあります。）